정성

본그룹 김철호 회장의 기본이 만들어낸 성공 레시피

김철호 지음

도서출판 본월드

모두가 협력하여 선을 이룬다

나의 거인,
꺼지지 않는 내 마음의 등불 되신
어머니께 이 책을 바칩니다.

본을 사랑하는 모든 고객님께
현장에서 묵묵히 본의 기본정신을
실천하고 계시는 가맹점 사장님께,
그리고 오늘의 본이 있게 한
사랑하는 아내 최복이 본죽 대표에게
감사의 마음을 전합니다.
주님께 모든 감사와 영광을 돌립니다.

* 이 책의 모든 수익금은 '본사랑재단'에 기부되어 선한 사업에 쓰입니다.

프롤로그

선한 영향력이
누군가에겐 희망이 된다

내 꿈은 아주 작은 것에서 시작되었다. 그저 빠듯한 집안 형편이 나아져 우리 가족이 행복하게 살게 되는 것. 그리고 본죽이 잘되어 직원들과 그 가족이 행복해지는 것이었다.

그런데 본죽이 놀랄 만한 성장을 하면서 내 안에 또 다른 꿈이 생기기 시작했다. 남들은 이제 뭘 더 바라냐고 했지만, 본죽이 성장할수록 그 꿈은 더욱 확고해졌고, 이렇게 '정성'이라는 책으로 나오게 되었다. 바로 '선한 영향력'을 동심원처럼 펼치는 것. 그것이 나의 새로운 꿈이 된 것이다.

나는 그동안 기업을 운영하면서 어려움도 많았지만 고객과 세상으로부터 그 어려움보다 훨씬 더 큰 사랑과 축복을 받았다. 그렇기에 오늘의 내가 있을 수 있다고 나는 믿는다. 내 능력과 노력으로 본죽이 있는 것이 아니고 오로지 고객과 세상의 축복으로 본죽이 있는 것이다.

때문에 '선한 영향력'을 펼치는 것은 이제 나의 단순한 꿈이 아니고 나와 우리 기업의 책임이고 사명이 되었다. 내가 그 책임과 사명을 다한다고 해서 세상을 바꿀 수는 없을 것이다. 하지만 내가 하는 일을 통해 사회에 기여하고 그 열매를 통해 이웃을 살피며 그들이 좀 더 행복해질 수 있다면 그것이 바로 지금 내가 해야 할 일이라고 생각한다.

이러한 선한 영향력은 대가를 바라지 않는다. 영향력 확대를 통해 나에게만 좋은 그 무엇을 추구하지도 않는다. 다만 이 시대를 더불어 살아가는 사람들과 내가 그동안 일해오면서 수많은 사람들에게 받은 축복을 같이 나누고 싶을 뿐이다. 그리고 어려운 중에도 새로 시작하는 사람들에게 위로와 희망의 불씨가 되고 싶었다.

선택의 수많은 순간 속에서 내 선택의 기준은 항상 "편한 길보다

정성

본죽
김철호 대표의
기본이 만들어낸
성공 레시피

프롤로그

—

선한 영향력이
누군가에겐
희망이 된다

옳은 길을 택하라"는 것이었다. 누구나 앉으면 눕고 싶고 누우면 자고 싶은 마음을 갖는 법. 나 역시 예외는 아니었다. 그래서 매 순간의 선택이 결코 쉽지는 않았다. 하지만 무엇이 옳은 길이고 무엇이 나와 이 사업을 있게 한 많은 사람들의 성공과 행복에 도움이 되는지를 생각하며 내 판단에 날을 세우려 애써왔다.

그러한 선택과 결정이 지금의 회사와 나의 삶을 있게 했다. 또한 생활 형편이 좀 더 나아졌으면, 그리고 본죽이 잘되어 직원들과 가족이 행복했으면 하는 작은 꿈에서 이제는 선한 영향력을 동심원처럼 펼치고 가맹점 사장님과 고객들을 좀 더 행복하게 만드는 일을 하겠다는 사명으로 발전하게 된 것이다.

오직 나 혼자만 잘살기 위한 노력과 그 결과들, 그리고 나의 부족함과 실패를 숨기고 성공한 얘기만을 하기 위한 것이라면 이 책은 굳이 세상에 나올 이유가 없다. 내가 이 책에서 말하고자 하는 것은 성공스토리를 무용담처럼 펼쳐놓은 그런 이야기가 아니다.

누구나 알고 있지만 잊고 있었던, 혹은 눈감아버렸던 기본과 원칙. 그것이 개인의 삶을, 더 나아가 회사의 운명을 어떻게 바꿔놓았는지 나의 경험을 통해 알리고 싶었다. 이를 통해 인생의 어려운 순간에서 낙심하는 사람들에게 삶의 기본과 원칙만 놓아버리지 않으면 다시 일어설 수 있는 기회가 반드시 찾아오게 된다는 것을 조심스럽게 전하고 싶었다.

　내가 겪었던 수많은 실패의 순간들과 참아내기 힘들었던 아픈 시간들, 매 순간 찾아오는 더 쉽고 편한 방법의 유혹에서 벗어나 기본과 원칙에 충실함으로 일궈낸 열매들을 많은 이들과 나누며 이야기하고 싶었다.

　나는 기본을 지키려고 애쓰는 삶의 태도가 당장은 굼뜨고 어리석은 것처럼 보일 수 있지만 오히려 경쟁력이 될 수 있다고 말하고 싶다. 기본과 원칙을 지킴으로써 얻어지는 신뢰와, 사람을 감동시키는 진정성이 일과 인생이란 길고 어려운 경주에서 결국은 자신을 지켜주는 버팀목이 된다는 깨달음을 함께 나누고 싶었다.

　잊지 않고 찾아오는 연속된 실패와 수많은 아픔 속에서도, 나는 본죽의 기본과 원칙, 다름 아닌 본을 지켰기에 지금껏 달려올 수 있었다. 이 책에 녹아 있는 나의 실패와 성공의 과정들 속에서 독자들이 선한 자극과 용기를 얻을 수 있기를 바란다. 나 역시 아직 끝나지 않은 내 꿈을 향해 새로운 다짐으로 달려 나갈 것이다.

김철호

정성
—
본죽
김철호 대표의
기본이 만들어낸
성공 레시피

차례

프롤로그
선한 영향력이 누군가에겐 희망이 된다 - 7

1. 실패는 두 눈으로 보라
: 긍정적인 시각, 다시 일어설 힘이 생긴다

- 호떡장사에서 본죽으로 - 19
- 실패는 직시할수록 덜 아프다 - 24
- 선택과 포기의 지혜 - 28
- 간절함, 나를 다시 일으켜 세우는 힘 - 33
- 꿈을 향한 선택과 인내 - 37
- 희망의 뿌리, 나를 지켜주는 버팀목 - 41
- 나, 세상에서 가장 소중한 존재 - 44

2. 연구와 도전은 평생의 과제
: 남들이 하지 않은 그 일에 몰두하라

- 콘셉트, 관점의 차이 – 51
- 오직 사실만으로 설득시켜라 – 55
- 질리지 않았다면 끝까지 매달리지 않은 것 – 59
- 맛보다 중요한 이벤트는 없다 – 63
- 홍보란 타깃의 마음을 움직이는 것 – 67
- 새로운 도전, 본죽&비빔밥 – 73
- 본도시락의 라이벌은 본도시락 – 79
- 고객에게 옳은 것을, 본설렁탕 – 84

3. 기본경영의 힘
: 돌아가는 듯해도 기본이 성공을 부른다

- 첫 마음, 첫 원칙을 지키다 – 93
- 전국 어디에서 만들어도 맛은 하나다 – 99
- 퍼줘도 망하지 않는다 – 103
- 오직 한 사람을 위한 음식 만들기 – 107
- 여성을 위해 요리하라 – 111
- 가슴으로 직원을 대하라 – 115
- 준비 없이 되는 일은 아무것도 없다 – 121
- 처음에는 있었지만 그때에는 없었던 것 – 127
- 기본을 잃어버린 대가 – 131
- 좋은 브랜드가 곧 경쟁력 – 136

4. 사람 그리고 본의 이야기
: 결국은 사람, 그 사람의 행복을 향하라

- 본으로 행복을 돕는 사람들 - 143
- 감사함으로 피어나는 행복 - 147
- 나눔, 사람을 섬기는 가장 따뜻한 수단 - 152
- 변화, 나를 먼저 버리는 일 - 156
- 원칙을 넘어 신뢰로 - 161
- 성장과 성숙은 양팔저울 - 165
- 사람, 그리고 본으로 이어지는 길 - 169
- 경영은 철학이다 - 173
- 본그룹의 존재 이유 - 179
- 본죽인의 기도 - 185
- 아, 어머니! - 188

에필로그
다시 첫 차를 기다리는 마음으로 - 193

멀리서 두 사내가 걸어온다.
어젯밤 노름판에서 모든 걸 다 잃은 두 사내,
그런데 하나는 노란 솔가지를 손에 들고 있고
하나는 솔가지를 발로 차며 걸어온다.

"마누라 누워 자는 방에 불쏘시개라도 해야지!"
솔가지를 들고 오는 사내에게는 희망이 있다.
비록 노름판에서 가진 돈을 다 잃었을지언정,
그에겐 아직 희망이 있다.
그 작은 솔가지 하나,
다르게 볼 줄 아는 힘이 그에겐 희망이었다.

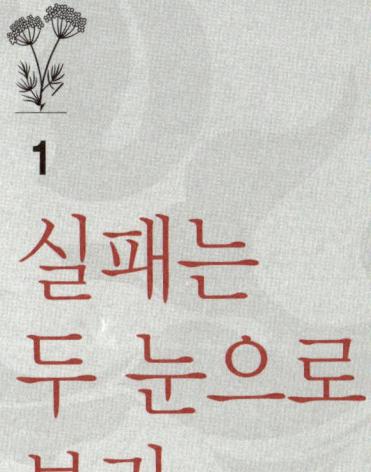

1

실패는 두 눈으로 보라

: 긍정적인 시각,
다시 일어설 힘이 생긴다

호떡장사에서 본죽으로

외환위기 때 운영하던 사업이 부도가 나고 생계를 위해 나는 아내와 함께 호떡장사를 했다. 그 힘들었던 시간을 겪어내고 나는 다시 작은 죽전문점을 시작하게 되었다. 하지만 본죽이 생각보다 빠르게 성공궤도에 오르자 나도 모르게 자만심이 생겨버렸다. 한 번의 성공은 미래의 성공까지 보장하는 것이 아니고 삶은 우리에게 항상 달달하고 좋은 것만을 선물하지는 않는다. 그래서일까. '실패' 역시 그림자처럼 어김없이 나를 찾아왔다.

2002년 이후, 국내에서 승승장구하던 본죽의 성공을 보며 당연한 수순처럼 해외 진출을 생각하게 되었고, 일본과 미국에 가맹점을 내고 한국식 전통죽으로 승부를 보겠노라 패기 있게 도전한 것이다. 하지만 '한국식이 정답'이라는 생각은 해외 시장을 잘 몰랐던 나의 섣부른 판단이었다.

국내에서 가맹점이 늘어나듯 해외에서도 호응이 좋을 것이라는 예상은 빗나가버렸다. 되돌아보면, 처음 본죽을 시작할 때처럼 절박하지도 않았고, 그때처럼 철저하게 준비를 하지도 않았기에 자만심이 부른 당연한 결과였을지도 모른다.

하지만 현실이 절망적일수록 나는 매 순간 긍정적인 면을 보려고 애썼다. 이미 내 눈앞에 펼쳐진 실패의 순간을 부정적인 시각으로 바라보기 시작하면 모든 것을 체념하게 될 뿐이다. 말처럼 쉽지는 않지만 긍정적인 시각으로 현실을 바라보면, 그동안 보지 못했던 부분이 보이기도 하고 신기하게도 다시 일어설 힘이 생긴다.

절망의 순간에서 가장 중요한 것은 '실패란 누구에게나 일어날 수 있는 일'이라고 생각하는 것이다. 사실 주위를 둘러보면 실패 없이 승승장구하는 사람은 그리 많지 않다. 무리 모두는 살아가고 일을 하면서 실패를 한다. 하지만 자신이 실패했다는 현실을 순순히

정성
—
본죽
김철호 대표의
기본이 만들어낸
성공 레시피

1부 — 실패는 두 눈으로 보라

받아들이고 인정하기는 쉽지 않다.

외환위기 때에 큰 실패를 경험하고 길거리에서 호떡장사를 하면서 나 자신을 많이 성찰하고 변했다고 생각했었는데 그동안의 성공으로 인해 내 마음 속에는 다시 자만이 자리 잡고 있었던 것이다. 인정하기 싫었지만 나는 다시 실패한 것이다.

언제까지 한탄만 하며 아까운 시간과 에너지를 허비할 수는 없지 않은가. 절망의 순간이 올 때마다 주저앉아 힘든 나날이 그저 지나가기를 기다릴 수도 없지 않은가. 해외 진출에 실패하고 수없이 자신을 돌아보면서, 이 모든 것이 다 뜻이 있기에 닥쳐온 시련이라 생각하며 '자만하지 말고 잃어버린 감사의 마음을 되찾자'고 마음먹었다. 실패를 통해 자신이 단련된다는 생각, 이런 마음으로 말이다.

실패는 언제나 찾아온다. 본죽이 국내에서 자리를 잡고 스스로도 만족할 만한 성공을 맛볼 때쯤 "이쯤하면 이제 내 인생에 실패란 없겠지"라고 자만했고 곧 해외 사업의 부진이라는 좌절을 맞았다. 생각지도 못했던 실패가 내 앞에 닥쳐왔을 때, 우리는 어떻게 해야 할까. 결국 우리가 할 수 있는 것은 한 가지 선택뿐이다. 이 실패를 어떻게 받아들일 것인가 하는 것 말이다.

실패에 대해 이야기할 때면, 지난날 우리 집 문간방에서 깨달았던 그 순간을 얘기하지 않을 수 없다. 운영하던 회사가 부도 처리되던 날, 집에 돌아와 너무 힘들고 지친 나머지 그만 문간방에 쓰러져 죽은 사람처럼 잠이 들어버렸다.

그런데 잠에서 깨어난 순간, 불현듯 어릴 적 모습이 눈앞에 떠올랐다. 그러고는 어머니가 늘 하시던 말씀이 생각났다. 몇 십 년 동안 여자 혼자 몸으로 포목점을 하며 다섯 자녀를 기르신 어머니는 집안에 일이 생길 때마다 늘 그렇게 말씀하셨다. 그날 아침, 우연히 떠오른 어머니의 말씀이 머릿속에서 떠나지 않았다.

'장에 가면 소도 보고 말도 본다.'
장에 가면 자신의 뜻과 상관없이 이것저것 보게 되는 것처럼, 살다 보면 좋은 일도 생기고 나쁜 일도 생기니, 모든 일에 일희일비하지 말라는 뜻이다. 자신의 뜻과 상관없이 고난과 행복을 맞게 된다고 하신 어머니의 말씀이 절망과 좌절이 엄습한 그 순간, 내게는 일종의 깨달음처럼 느껴졌다. 그리고 세상 그 어떤 말보다 더 큰 힘이 되었다.

이제 선택은 나의 몫이다. 주저앉아 지금의 상황을 한탄하든, 일어나 이 실패가 나에게 무엇을 가르쳐주는지 고민해보고 다시 힘을 내든 모두 나의 몫이다.

정성
—
본죽
김철호 대표의
기본이 만들어낸
성공 레시피

1부

실패는
두 눈으로
보라

　사업을 시작할 때마다 나는 항상 빈손이었다. 그리고 실패와 성공을 반복하면서, 성공을 했다고 해서 그것이 오직 나만의 몫으로 얻은 것이 아니라는 생각을 하게 되었다. 오히려 실패를 통해 그 점이 더욱 분명해졌다. 해외 사업의 경우, 국내 시장과 다른 현지의 특성을 파악해 장기계획을 세우고 인재를 육성하는 것이 필요함을 절실히 느꼈다. 실패는 매번 나를 새롭게 일으켜 세우는 새로운 선물, '다시 이렇게는 하지 않겠다'라는 값진 경험을 얻게 해주었던 것이다.

　지금 실패에 절망하고 있다면, 매 순간 내가 외우는 이 주문 '장에 가면 소도 보고 말도 본다'라는 이 말로 자신을 다독거려 보라. 그리고 지금 당장 해야 할 일이 무엇인지 생각해보길 바란다. 실패를 딛고 일어서기 위해 지금 해야 할 일 말이다. 그것이 성공했다고 자만하지 않고 겸손하며, 실패 앞에서도 좌절하지 않고 자신을 다시 일으켜 세우는 방법일 것이다.

실패는
직시할수록 덜 아프다

외환위기 당시 부도난 회사를 정리하고 나에게 남겨진 것은 승합차 한 대가 전부였다. 그것 역시 얼마 지나지 않아 당장 생활을 해나가기 위해 처분했으니, 당시 나에게 남은 재산은 아무것도 없었다고 보는 것이 정확할 것이다.

'그래도 한때는 잘나가던 내 사업을 했는데…….'

이런 생각이 나라고 들지 않은 것은 아니다. 이런 생각이 들수록

1부
―
실패는
두 눈으로
보라

바닥까지 내려간 나의 현실, 그 실패의 현장을 직시하기가 어려웠다. 그러나 부도난 회사의 초라한 김 사장, 그것이 나의 현실이었다.

하지만 그 상황 속에서 나는 도망치지 않았다. 아니 도망칠 수가 없었다는 것이 어쩌면 더 맞는 표현일 것이다. 현실을 외면할 수 있는 기회, 잠시 해외에 나가 있다가 돌아오라는 조언, 내 사업을 도와주겠다는 제안도 있었다. 하지만 그러한 유혹들을 뿌리칠 수 있었던 이유는 단 하나였다. 그것이 옳지 않은 해결책이라는 판단 때문이다. 적당히 상황을 봐서 다음 기회를 모색하겠다는 궁색한 계획은 세우고 싶지 않았다. 무엇보다도, 실패에서조차 현실을 인정하지 않고 최선을 다하지 않았다는 자책을 앞으로 살아가는 동안 잊어버릴 자신이 없었다.

그래서 나는 '부도난 회사의 사장'이라는 나의 실패를 담담하게 인정했다. 편법과 비도덕적인 행위로 벌어진 일이 아닌 어쩔 수 없는 상황으로 빚어진 결과이니, 부도난 회사가 부끄럽지는 않았다. 오히려 철저하게 그러한 현실을 직시하고 나를 강하게 붙잡았다. 하루 종일 은행을 오가고, 나로 인해 조금이라도 피해 입은 사람들을 찾아다니며 몇 개월의 시간을 보냈다.

물론 이러한 나의 의지 탓에 고생을 한 것은 가족들이었다. 아이들 이름으로 모아둔 적금까지 모두 털어야 했고, 아내에게 변변한 생활비조차 가져다주지 못했다. 하지만 나는 실패했고, 스스로 그것을 인정하고 대처하는 과정만큼은 정직했다. 비록 회사는 망했지만, 최선을 다해 청산절차를 밟았다는 사실은 지금도 자부심으로 남아 있다.

지금 생각해보면 다시 돌아가고 싶지 않은 끔찍한 순간이었지만, 그 시간들을 견뎌오며 나는 한 가지 중요한 사실을 깨달았다.

"실패는 고통스럽지만 직시할수록 덜 아프다."

세상에 아프지 않은 실패, 달콤한 실패는 없다. 싫은 소리를 듣고 고개를 숙여야 하는 상황들이 생길 때마다, 맨바닥에 넘어져 생채기가 나듯 내 마음에는 상처가 생겼고 두 무릎에선 힘이 빠졌다. 하지만 그 실패를 조금이나마 덜 아프게 견뎌내려면 힘들어도 그 순간을 객관적이고 명확하게 인식하고 현실적으로 대응해야 한다.

실패 앞에서 넋 놓고 주저앉아버렸거나 채권단을 피해 어디론가 숨어버리는 선택을 했다면 지금의 본브랜드, 아니 지금의 우리 가정이 있을 수나 있었겠는가. 생각만 해도 아찔하다.

하지만 조금이라도 덜 아프기 위해 나는 내 상처, 내 현실 앞에서 두 눈을 부릅떴다. 그리고 현실적으로 내가 취할 수 있는 방법과 직원들에 대한 문제 등 회사의 마지막 정리에 온 힘을 쏟았다. 그 노력 덕분인지 다행히도 채권단에게 멱살 한 번 잡히지 않고 회사를

정성
—
본죽
김철호 대표의
기본이 만들어낸
성공 레시피

정리할 수 있었고 오히려 그들에게서 도움이 되는 제안까지 받으며 그 순간을 이겨낼 수 있었다.

지금 생각해보면 다시 돌아가고 싶지 않은 아픈 실패의 시간이었다. 그렇지만 오히려 그 경험을 통해서 넘어지면서 큰다는 말은 어린아이에게만이 아닌, 절망의 순간 나에게도 해당된다는 것을 깨닫는 계기가 되었다.

선택과 포기의 지혜

IMF 외환위기 이듬해 2월, 나는 어떻게든 돌아오는 어음을 결제하고 부도를 막아야 할 회사의 사장이었지만 은행에 직접 전화를 해 이렇게 말했다.

"부도 처리해주세요."

외환위기라는 거대한 소용돌이 속에서 몇 개월 동안을 돌아오는 어음을 결제하고 힘든 회사를 경영하면서 난 이미 몸과 마음이 지칠

대로 지쳐 있었고 내가 할 수 있는 일이라고는 더 이상 아무것도 없는 상태였다. 회사에 애정이 없어서가 아니었다. 당시 외환위기 상황과 이미 기울어진 회사를 운영하는 것 자체가 나의 능력 밖의 일이었음을 깨달았기 때문이었다.

이후에도 이와 비슷한 선택을 해야 하는 상황이 있었다. 본죽이 자리를 잡은 후, 비빔밥을 시작할 때였다. 그동안의 경험과 본죽을 시작할 때보다는 훨씬 더 나은 여건을 가지고 시작한 사업이었으니 당연히 본죽 이상으로 잘될 것이라 확신했다. 그러나 잘되는 매장도 있었으나 본죽과 달리 기대했던 것보다는 잘되지 않는 매장도 생겨났다. 그동안의 작은 성공으로 나도 모르게 쌓인 나 자신의 교만과 본죽을 시작할 때만큼의 처절함과 절박함이 없었던 것이 문제였다.

결국 일부 영업이 부진한 매장의 운영을 중단할 수밖에 없는 상황까지 직면했다. 사실 회사의 입장에서는 흔히 있을 수 있는 시행착오쯤으로 여기고 적당히 넘어갈 수도 있는 상황이었지만, 지금 재정비하지 않으면 안 된다는 생각에 영업이 부진한 매장을 과감히 포기했다.

근본적인 문제를 해결하지 않고 그때그때 문제를 회피하고 땜질하는 방법으로는 미래가 없다고 판단했기 때문이다. 열 손가락 깨물어서 안 아픈 손가락이 없다는 말이 있지만 비빔밥의 미래를 위해

미흡했던 부분을 솔직하게 인정하고 결단을 내려야 했다.

모두가 나에게는 소중한 손가락이고 한 지체였지만 전체를 보호하기 위해 손가락을 잘라야 하는 심정으로, 결단을 내렸다. 다행히 지금은 그때의 뼈아픈 결정으로 '본죽&비빔밥cafe'라는 브랜드로 든든하게 자리를 잡았지만 당시에는 실패를 인정하기 쉽지 않았을 뿐만 아니라 점포를 정리한다는 것은 쉽지 않은 선택의 결단이었다.

이런 사례들을 이야기하면 혹자는 "참 뒷심 없는 사람이네" 하며 혀를 찰지도 모르겠다. 하지만 이것 역시 내가 살아가면서 지키고 있는 원칙의 하나이다. '최선을 다하되, 그것이 내 역량을 벗어나는 일이라면 과감하게 포기한다.'

이런 원칙을 갖게 된 것은 학창시절 우연히 보게 된 영화 때문이었다. 그다지 유명하지 않은, 그저 텔레비전에서 쉽게 볼 수 있는 주말 서부영화였다. 제목도 배우도 기억나지 않는 그 영화에서 나는 오직 단 하나의 대사만 기억하고 있다.

"네가 할 수 있는 일이라는 판단이 서면 최선을 다해라. 하지만 네가 할 수 없는 일이라면 과감하게 포기하고 그것을 받아들여라. 대신 너는 대지의 신에게 네가 할 수 있는 일과 포기해야 할 일을 판단하고 선택할 수 있는 지혜를 달라고 기도해라."

이 말을 듣는 순간, 한동안 머릿속이 멍해지는 느낌이었다. 멸족

정성

본죽
김철호 대표의
기본이 만들어낸
성공 레시피

위기에 처한 한 인디언 부족의 이야기. 전장에 나서는 남편의 죽음을 예감한 족장의 아내가 어린 아들에게 말하는 내용이었다.

우리는 흔히 '최선을 다하라'는 교훈에 길들여져 살기 쉽다. '무조건 열심히 하면 된다'라는 막연한 기대가 현실을 제대로 인식하지 못하게 만들기도 한다. 하지만 이 말은 내가 그동안 쉽게 받아들이던 그 '최선의 미덕'을 확실히 재해석했다. 무조건적인 최선이 아닌, '선택적 최선'과 '포기의 미덕'을 말하고 있는 듯했다.

그래서일까? 이 말을 듣는 순간, "아, 이렇게 살아야 하는구나" 하는 생각이 들었다. 무조건 열심히만 하면 되는 것이 아니라, 내가 할 수 있는 일, 내가 감당할 수 있는 일을 분별하는 지혜가 더욱 중요함을 깨달았다.

'분명 내가 할 수 있는 일이다'라고 판단하게 되면, 그것이 어떤 일이든 최선을 다해야 한다. 만약 본죽을 운영하면서 이것이 내가 감당할 수 없는 한계라고 판단했다면 나는 과감하게 그 선을 넘지 않고 다른 길을 선택했을 것이다. 하지만 내겐 '가능하다'는 본죽에 대한 확신이 있었고, 그랬기에 내 결단이 옳음을 증명이라도 하듯 더욱 열정을 쏟아부었다.

물론 이처럼 어떠한 일에 확신을 갖거나 과감하게 포기하기란 쉬운 일이 아니다. 나 역시 매 순간 신중을 기하지만, 때로는 잘못된 판단과 선택으로 시간을 낭비한 적이 많았다. 되돌아보면 부끄럽고 후회되는 순간들이었다.

하지만 이러한 경험을 통해 이것이 '욕심이냐 꿈이냐'라는 나만의 선택의 기준을 세웠다. 포기와 선택의 순간, 이것이 나의 욕심인지 진짜 꿈인지를 되짚어보는 것이다. 그렇게 함으로써, 버려야 할 욕심이라면 과감히 포기하고 끝까지 붙들어야 할 나의 꿈이라면 죽을 각오로 버텨냈다.

부도난 회사를 청산하면서 채권단의 권유나 건물주의 제안을 받아들이지 않은 것도 나의 이러한 원칙과 연관된 것이었다. 부도가 나는 순간, 그 회사를 운영하는 것이 내 능력 이상의 일이라는 것을 깨달았기에 실패를 내 스스로 선택한 것이다.

비빔밥의 경우 역시 신중하되 과감하게 결정했다. 어느 순간 내 안의 교만이 실패를 불러왔음을 직감했기 때문이다. 본죽의 브랜드 파워를 믿고, 어찌 보면 본죽의 이름에 편승해 비빔밥도 잘될 것이라는 안일한 생각을 했던 것이다.

실패의 순간, 버틸수록 더욱 무너지는 그 순간, 처음부터 다시 시작하라. 우리가 경계해야 할 것은 실패 그 자체가 아니라 실패를 피하기 위해 자신이 만들어낸 집착과 그 속에 담긴 욕심을 분별하지 못하는 것임을 잊지 말아야 한다.

정성
—
본죽
김철호 대표의
기본이 만들어낸
성공 레시피

간절함, 나를 다시 일으켜 세우는 힘

죽 쑤는 일.

죽을 끓이다 실패하고, 또다시 재료를 다듬어 죽을 끓이는 일.

그 일이 절대 만만치 않은 일임은 쉽게 가늠할 수 있을 것이다. 더구나 아내는 전문 요리사가 아니면서도 메뉴를 개발하는 과정에서 무엇에 홀린 사람처럼 그 일을 수도 없이 반복했다.

때로는 뜨거운 죽을 들다 화상을 입기도 하고, 칼질을 하다 상처가 나기도 하는 이 일을 굳이 시작한 것은, 그 안에 '미래'가 있다는 확신과 반드시 성공을 해야 한다는 '간절함'이 있었기 때문이다.

음식장사를 하겠다고 마음먹었을 무렵, 내 삶은 벼랑 끝에 놓여 있었다. 더 이상 물러날 곳이 없다는 절박함이 매 순간 나를 짓눌렀고, 그것은 성공에 대한 간절함으로 이어졌다.

아내 역시 절박하기는 마찬가지였다. 단지 우리 식구들이 여기에서 더 이상의 고생은 하지 않고 살 수만 있으면 좋겠다는 소박하지만 간절한 바람. 그 바람을 이루기 위해 나의 곁에서 수없이 많은 죽을 만들고 또 실패하며 그 시간들을 묵묵히 견뎌냈다.

물론 먹고살기 위한 절박함만 있었던 것은 아니다. 나에겐 이 사업을 통해 이제껏 내가 갖고 있던 생각과 꿈을 실현해보고 싶은 마음이 있었다.

이전에 외식 창업컨설팅을 했던 시절, 수많은 사람들에게 "음식은 상품이 아니다. 정성이다", "고객이 절대 아쉽다는 생각을 하지 않을 만큼 넉넉히 주어야 한다" 이렇게 외쳤던 내 생각들을 이제는 나만의 가게에서 실현해보고 싶다는 간절함이 있었던 것이다.

사실 그때까지만 해도 온전히 죽 전문점이라는 사업모델이 존재하지 않았다. 그러니 당연히 아무도 하지 않은 일을 성공한 모델도

정성
—
본죽
김철호 대표의
기본이 만들어낸
성공 레시피

1부
—
실패는
두 눈으로
보라

없이 갖은 어려움을 겪으면서 계속해갈 수 있는 사람이 그리 많지는 않았을 것이다. 누군가는 미련하다고, 누군가는 미쳤다고 생각할지도 모를 일이었다. 하지만 이 일을 내가 감내하며 달려올 수 있었던 것은 이 일을 '간절히 원했기' 때문이다.

처음에는 단순히 '먹고살기 위해' 시작했지만, 죽을 만들고 그 안에서 보람을 맛보면서 이 일이 단순히 음식을 팔고 이윤만 남기는 차원을 넘어서는 일임을 깨달았다. 그렇게 하기 위해서는 꼭 본죽을 성공시켜야 한다는 절박감에 가까운 간절함이 있었다. 그리고 누구보다 이 일을 잘할 수 있을 거라는 확신이 들었다.

이러한 간절함이 있었기에 매 순간 넘어져도 나에겐 희망이 있었다. 이 길이 내 길이라는 확신을 가지고 일어설 수 있는 힘은 바로 그러한 희망에서 비롯되는 것 아닐까. 빈손으로 음식사업을 시작하려고 했을 때, 생활비도 벌지 못하는 가장이 요리학원에 다닌다고 하자 내게 쏟아지는 시선은 곱지 않았다.

하지만 그때도 지금과 같은 간절함이 있었기에 주위의 시선과 현실의 벽을 넘을 수 있었다. 요리학원을 다니기 위해 필요한 15만 원, 그 돈이 부담이 되어 학원에서 일을 하고 수강료를 면제받았다. 잠을 줄이고 학원 일을 해가며 남들의 비아냥거림과 원망에도 불구하고 그 시간을 묵묵히 견뎌냈다. 성공에 대한 간절함이 원동력이 되어 넘어지는 나를 매번 붙잡아 세웠다.

누구든 당장의 현실은 자신의 꿈에 비해 작고 초라할 수밖에 없다. 하지만 우리가 각자의 상황에서 그래도 웃을 수 있는 건 '희망'이 있기 때문이다. 나는 그 희망의 근원을 나만의 간절함에서 찾았다. 어쩌면 그 '간절함'이 미래의 나의 모습을 만들어가는 힘이 아닐까.

정성
—
본죽
김철호 대표의
기본이 만들어낸
성공 레시피

꿈을 향한 선택과 인내

우리가 흔히 생각하는 단순히 '참다'라는 개념을 넘어, 나는 자신이 선택한 인내, 즉 미래지향적인 인내를 말하려고 한다.

수많은 실패의 순간들 속에서 내가 무조건 모든 것을 참았던 것은 아니다. 앞에서도 언급했듯이, 과감히 포기할 것은 뒤돌아보지 않고 실패임을 인정했다. 하지만 나 자신이 스스로 선택한 미래를 위한 인내에는 모든 것을 걸고 매달렸다.

요리학원에 다닌 것도 그 당시의 상황에서는 어찌 보면 사업에 실패한 가장으로서 무책임한 행동이었다. 식구들을 생각하면 당장 공사판에서 벽돌이라도 날랐어야 하는 입장이었으니 말이다. 하지만 상황이 그렇게 되었으니, 모든 걸 내려놓고 당장의 밥벌이에 뛰어드는 것은 미래지향적인 선택이 아니라고 생각했다.

오늘 하루 식구들을 먹여 살리는 것도 물론 중요하지만, 가족들이 더 근본적인 안정을 찾기 위해서는 가장으로서 내가 정말 해야 할 일을 찾고 매진하는 것이 더 중요하다고 생각했다. 돌이켜보면 나의 결정을 받아들이고 그 어렵고 힘든 과정을 말없이 지켜봐준 아내와 아이들에게 한없이 미안하고 감사하다.

대신 내가 선택한 그 결정 앞에선 최선을 다했다. 주저앉고 싶은 수많은 순간들을 참아내기 위해 애썼다. 결코 만만하지 않은 학원일. 아침 7시부터 밤 10시가 넘도록 청소부터 각종 행정업무와 학원 홍보까지 모든 것을 학원수강료 대신 감당해야 했다. 하지만 그렇게 음식이 무엇인지부터 제대로 배워야 음식을 눈이나 손이 아닌 마음으로 만들 수 있다고 생각했다. 그러한 기본이 있어야 단순히 돈 버는 음식점 사장이 아닌 미래가 있는 외식사업가가 될 수 있다고 생각했다.

정성

본죽
김철호 대표의
기본이 만들어낸
성공 레시피

> 1부
> ―
> 실패는
> 두 눈으로
> 보라

상황에 몰려서 객관적인 판단을 내리지 못하고 임기응변식의 방법을 선택하는 것은 옳지 않다. 그것은 어쩌면 자신이 얼마나 책임감과 성실함을 갖고 있는지 사람들에게 보여주기 위한 공허한 제스처가 될 수 있다. 더 나은 방법, 더 나은 미래를 위해서라면 당장의 어려움은 참아낼 수 있어야 한다. 나는 그렇게 생각했고 어렵지만 이것을 실행에 옮겼다.

궁지에 내몰린 최선, 어쩔 수 없이 하는 열심은 나뿐만 아니라 누구에게도 좋은 선택은 아니다. 오히려 자신을 합리화하는 것에 지나지 않는다.

어려운 현실은 항상 나의 선택의 폭을 제한하고 내 의지를 약하게 만든다. 하지만 옳다는 확신만 있다면, 자신의 의지를 끝까지 세우고 주저앉고 싶은 매순간을 참아내는 법을 배워야 꿈이 현실에 더 가까워진다는 것을 깨달았다.

길이 좀 미끄러워도

여기가
낭떠러지는
아니다

희망의 뿌리, 나를 지켜주는 버팀목

이렇게 실패에 대한 이야기를 하다 보면, 사람들은 종종 "어떻게 그 시간들을 다 버텨냈나?"라고 물어본다. 이상하게도 실패는 다른 경험과는 달리 굳은살이 생기지 않는 것 같다. 오히려 실패는 나에게 매번 더 힘겨운 상대로 다가왔다.

지금은 이렇게 지난 실패에 대한 기억을 이야기하고 있지만, 돌이켜보면 외환위기 당시에는 더 이상은 견뎌내기 어려워 아무도 모르게 죽고 싶을 때가 한두 번이 아닐 만큼 힘들었다. 나는 지금도 아무리 나이가 젊어진다고 해도 그 시절로 다시 돌아가고 싶지 않다.

나는 그러한 순간들을 아내 덕분에 견뎌낼 수 있었다. 아내는 내 삶의 원동력이자, 희망의 뿌리였다. 사업하는 사람들은 사업의 상황에 따라서 자신의 주위에 사람들이 얼마나 쉽게 생겨나고 또 없어지는지 뼛속 깊이 경험해보았을 것이다.

사업이 조금만 잘되면 나와 친하게 지내려는 사람들이 순식간에 늘어나지만, 사업이 조금만 휘청해도 그 많던 사람들이 하나 둘 없어지고 외톨이가 되어버리는 현실……. 이런 이해타산적인 인간관계 속에서 아무런 조건도 없이 한없이 나를 응원해주는 변함없는 지원군 같은 존재가 있다는 것은 정말 다행인 일이다.

대학 때 만나 이제껏 나의 가장 든든한 조력자 역할을 해온 아내는 내 삶의 가장 큰 버팀목이다. 내가 가정보다는 바깥일에 매달려 있을 때에도 보습학원 강사로, 세 아이의 엄마와 홀어머니의 외며느리로, 호떡장수의 파트너로 그리고 회사가 지금에 이르기까지 언제나 뒤에서 그림자처럼 날 지켜주었다. 때로는 나보다 더 엄격하고 철저하게 일하는 사람이라, 배울 점이 참 많았다.

언젠가 아내가 내게 이런 말을 한 적이 있다. 당신과 함께라면 무엇이든 할 수 있을 것 같다고…… 이 말이 우리가 서로에게 희망의 뿌리였음을 깨닫게 해주었다. 서로가 서로를 붙잡고 넘어지지 않게 얽힌 두 나무의 뿌리 같은 존재. 그것이 우리 부부가 바라는 모습이다.

사람은 누구나 뿌리가 없으면 온전히 서 있을 수 없다. 잠시 서 있다가도 바람이 불고 눈비가 오면 곧 쓰러지고 만다. 그러니 누구나 뿌리가 있어야 한다. 뿌리를 굳게 내리고 비바람을 견뎌내야 한다. 혹시 그렇게 뿌리로 삼을 대상이 없다고 여겨진다면 주위를 둘러보길 바란다.

어려운 시기를 지날 때에 아내가 내 희망의 뿌리가 되어주었듯이 의외로 가까운 곳에 우리가 부여잡을 존재가 있을 것이다. 그것이 가족이든 신념이든 그 희망의 뿌리가 참기 힘든 어려운 시간을 지날 때에도 자신을 든든하게 지켜주는 버팀목이 될 것이다.

나, 세상에서 가장 소중한 존재

호떡장사를 하던 시절, 난 항상 정장을 입고 호떡을 팔았다. 지하철 4호선 숙대입구역 앞에서 친구의 도움으로 리어카를 장만해 '꿀떡개비'라는 이름으로 호떡을 팔기 시작했는데, 복장이 독특하다 보니 아무래도 사람들의 시선을 쉽게 끌게 되었다.

정장을 차려입고 처음 호떡장사에 나설 때의 심정을 나는 평생을 잊지 못할 것이다. 리어카를 끌고 나가는 30m 정도의 거리가 너무

> 1부
> ―
> 실패는
> 두 눈으로
> 보라

나 힘들고 한없이 멀게 느껴졌다. 그리고 지나가는 모든 사람이 나를 비웃으면서 신기하게 쳐다 보는 것 같고 아는 사람을 만날 것 같아 정말 자신이 초라하게 느껴지고 부끄러웠다. 몇 번인가를 리어카를 끌고 나가지 못하고 중간에서 되돌아왔다. 그때마다 난 건물 화장실에 들어가서 거울에 비친 내 눈을 똑바로 마주 보면서 수없이 다짐하곤 했다.

괜찮다고…… 잘할 수 있다고…… 지금부터 다시 시작하는 거라고…….

혹시 마케팅의 한 방법으로 복장에 신경을 썼다고 생각할지 모르겠으나 그렇지 않다. 당시에 먹고살기 위해서 호떡장사를 하면서 마케팅을 생각할 만큼 내게는 마음의 여유가 있지 않았다. 그렇지만 정장을 입고 노점을 한다는 것이 분명히 힘들고 불편한 일이지만 나만의 철학이 담긴 고집스러운 선택이고 몸부림이었다.

정장을 입고 노점상을 한다는 것. 그것은 '난 소중한 존재'라는 스스로의 존엄성을 표현한 것이었다. 사람은 어떤 옷을 입느냐에 따라 언행 또한 달라지기 마련이다. 단정한 옷을 입고 사람을 만날 때와 아무 옷이나 대충 편한 옷을 입고 대할 때를 상상해보자. 우리의 행동은 무의식적으로 옷에 영향을 받아 걸음걸이, 말투, 표정까지 바뀌게 된다. 남자가 예비군복을 입으면 다 같은 예비군이 된다는 것은 성인 남자라면 다 아는 얘기처럼 말이다.

나 역시 이 부분을 비록 호떡장사를 하면서도 중요한 부분으로 생각했다. 두꺼운 점퍼 차림의 편한 복장이 당장 추운 거리에 선 나를 편하고 따뜻하게 할 수는 있어도 나를 소중하고 가치 있는 사람으로 여기게 하지는 못할 것 같았다. 분명히 편하고 따뜻하겠지만 그렇게 하면 내 스스로 나를 먼저 포기할지도 모른다는 절박함이 있었다.

물론 이러한 생각은 모두 나의 개인적인 선택과 고집에서 비롯된 것이니 이렇게 하지 않는다고 해서 문제가 될 것은 없다. 하지만 부도난 회사의 사장이라는 바닥에 떨어져버린 나의 존엄성을 나 스스로 지켜야 한다는 생각에 이런 선택을 하게 된 것이다. 내가 나 자신을 존엄하게 대하지 않으면 다른 사람 역시 나를 존엄한 존재로 인정하지 않을 것이라고 생각했기에 더욱 이 원칙을 지키고자 애썼다.

사실 정장을 입고 장사를 하는 것은 매우 힘든 일이다. 옷에 기름이 튈까 봐 계속 신경을 써야 하고, 특히 한겨울에는 얇은 정장 셔츠를 뚫고 들어오는 찬바람과 발끝이 시리다 못해 감각이 없어질 정도로 살갗을 파고드는 추위를 온몸으로 버텨야 하기 때문이다. 하지만 호떡장사를 그만둘 때까지 나는 이 복장을 고집했다.

정성
—
본죽
김철호 대표의
기본이 만들어낸
성공 레시피

|1부|
|—|
|실패는|
|두 눈으로|
|보라|

반드시 다시 일어서겠다고 내 자신과 주변 사람들에게 한 다짐을 잊지 않으려는 발버둥 같은 것이었는지도 모르겠다. 그리고 자꾸만 약해지고 포기하고 싶은 내 자신과의 처절한 싸움이었다. 하지만 이런 식의 방법을 통해 나는 스스로 긴장을 놓지 않으려고 안간힘을 썼고, 삶의 희망을 끝까지 놓지 않았다.

사람들은 자신의 가치를 남의 시선에 의해 평가하는 경우가 많다. '본질적인 나'가 아닌 '누가 바라본 나'에 집착해 그 잣대로 자신의 가치를 평가하는 것이다. 이럴 때에는 진정한 자신의 가치를 보지 못하는 경우가 많다.

하지만 본질은 언제나 형식을 초월한다. 진주는 흙바닥에 있든 귀부인의 목에 있든 진주가 아니겠는가. 남들이 볼 땐 호떡이나 파는 노점상 아저씨에 불과했을지 모르지만, 나는 나 자신을 이미 그때부터 '외식사업가'라고 생각하고, 조그만 내 리어카를 나의 사업장이라 여겼다.

당시 이러한 마음가짐은 나 자신에게 큰 의미를 깨닫게 해주었다. 실패와 열악한 현실 속에서도 자기 자신을 소중히 여기는 마음을 가질 때, 비로소 자신이 하는 일이 가치 있는 일이 되고 스스로 자신을 당낭하게 대할 수 있었다.

2

연구와 도전은 평생의 과제

: 남들이 하지 않은 그 일에 몰두하라

콘셉트, 관점의 차이

"왜 하필이면 죽이야?"

죽장사를 한다는 말에 사람들이 던지는 첫 반응은 '하필 그거냐'는 식의 걱정과 우려가 대부분이었다. 그도 그럴 것이 이제까지 죽이라고 하면 '환자가 먹는 음식'이라는 사람들의 인식이 강했고, 입맛을 충족시키고 배부르기 위해 먹는 음식이 아니라 소화를 위해, 건강을 위해 먹는 음식으로 생각하는 경우가 많았기 때문이다.

타깃이 제한된 메뉴. 어찌 보면 승산 없는 분야라며 주위에서 만류하는 것이 당연한 현상일지도 모른다. 하지만 그것은 죽에 대한 선입견, 기존의 죽집들이 보인 한계 때문이라고 생각했다. 다양하고 맛있으며 양까지 푸짐한 죽 한 그릇을 왜 만들지 못한단 말인가. 나는 죽의 한계를 넘는 순간, 이 분야는 분명 훌륭한 음식 시장이 될 것이라 확신했다.

다른 모든 사업도 그렇겠지만, 음식사업 역시 관점을 달리해서 접근하지 않으면 그저 그런 비슷한 아류로 남을 수밖에 없는 것이 현실이다. 그러니 무엇이든 남과 다른 관점으로 바라보고 연구해야 한다. 이런 측면에서 볼 때, 죽이 환자들이나 먹는 음식이라는 생각에서 벗어나, 영양식인 죽을 일반인들의 맛있는 식사처럼 만들어보면 어떨지 관점을 달리해 생각하게 된 것이 지금의 본죽을 만들었다고 해도 과언이 아닐 것이다.

게다가 어느 때부턴가 사회의 이슈로 '웰빙'이 떠오르며 몸에 좋은 음식이 사람들의 관심을 받게 되었다. 그러다 보니 자연히 건강식인 죽이 '웰빙 바람'의 중심에 서게 되었다. 간편하게 빨리 먹는 패스트푸드로 그저 한 끼 때우는 것보다는 한 끼의 식사에도 자신의 건강을 더 소중하게 생각하는 사람들의 음식에 대한 관점이 변하였기에 가능한 현상이었다.

정성
—
본죽
김철호 대표의
기본이 만들어낸
성공 레시피

이러한 변화는 사회 곳곳에서 쉽게 찾아볼 수 있었다. 한 가지 예로, 조찬회에서 죽을 제공할 수 있느냐는 제안을 받은 적이 있었다. 조찬이라면 국물을 곁들인 한식이나 베이컨과 계란 프라이, 바게트 등의 간단한 상차림이 일반적이다. 그런데 조찬 모임에 죽을 요청한 것이다.

이른 아침 식사를 위해 부담 없이 먹을 수 있고 입맛을 돋울 수 있는 죽을 준비해 본죽 그대로 한상 차림으로 제공했는데 결과는 대만족이었다. 죽에 대한 선입견을 가지고 있던 사람들에게 죽도 한 끼 식사로 충분하다는 것을 증명해보인 것이다.

실제로 죽에 대한 인식이 몇 년 사이에 상당히 달라졌고 죽을 즐기는 층도 많이 다양해졌다. 요즘은 많은 수험생 가정에서 소화하기 쉽고 영양이 높은 죽을 수험생들에게 수시로 식사로 내놓기도 한다. 이는 수학능력시험 전날 1년 중 가맹점 매출이 가장 높다는 것만으로도 증명할 수 있는 사실이다.

왜 하필 죽이냐는 질문에 대한 나의 솔직한 대답은 의외로 간단하다.

"남들이 하지 않은 거니까요."

이런 생각을 갖고 있었기에 모든 음식을 조금은 다른 관점에서 볼 수 있었고, 그런 생각들이 모여 본죽의 차별화된 장점을 만들어 낼 수 있지 않았을까.

지금까지 세상에 없던 제품을 발명하고 인류의 삶에 도움을 주는 천재들이 있다. 또 혁신적인 아이디어와 제품으로 사업을 하는 기업가들도 많다. 그러나 현실은 모든 사람이 다 천재들은 아니며 그런 아이디어와 제품을 만들어낼 수 있는 사람이 아니라는 것이다.

나 자신도 지금까지 살아오면서 새로운 것을 만들어내고 기발한 아이디어로 사람들을 놀라게 한 적이 한 번도 없다. 그렇지만 우리가 흔히 사용하던 물건을 생각을 바꿔 용도를 달리 사용했던 경험은 종종 있었다. 이처럼 지금까지 없던 물건을 새로 발명한 것은 아니지만 관점을 달리해서 새로운 용도를 만들어내는 것은 조금만 달리 생각하면 누구나 가능한 일이다.

본죽도 그러한 결과이다. 그동안 없었던 죽이라는 음식을 새롭게 만들어낸 것이 아니라 전통적인 죽을 새롭게 해석하고 다르게 접근해서 지금까지 없었던 새로운 죽 전문점이라는 콘셉트를 만들어 낸 것이다.

정성
—
본죽
김철호 대표의
기본이 만들어낸
성공 레시피

오직 사실만으로 설득시켜라

관점을 달리해 새로운 콘셉트를 만들어냈다고 해서 일이 다 성공한 것은 아니다. 다음 문제는 주위 사람들을 설득시키는 것. 자신의 새로운 콘셉트와 비전을 어떻게 주위 사람들에게 동감을 얻어내고, 현실적인 반대를 이겨낼 것인가이다.

나의 경우, 죽 전문점을 시작하기 위해 먼저 아내와 함께 콘셉트를 공유하고 비전을 나누면서 결과적으로 든든한 동반자를 얻었지만, 다른 가족과 주위 사람들의 반응은 여전히 차가웠다. 게다가 죽에 대한 노하우도 전혀 없는 상태였으니 그들의 걱정과 만류는 당연한 것이었다.

그때까지 비슷한 업종으로 성공한 사례가 없는 것도 나의 계획에 힘이 실리지 않는 중요한 요인이었다. 기존의 죽집들 자체가 내가 생각하는 죽 전문점과는 차이가 있었을 수도 있겠지만, 주변의 염려대로 죽 자체가 상품성이 없기 때문에 그때까지 성공한 죽집이 없었던 것일 수도 있었다.

사실 그 당시만 해도 죽 전문점으로 성공한 사례는 매우 드물었다. 큰 병원 주변과 사무실 등이 밀집한 여의도 등에 죽을 파는 식당들이 더러 있었지만 내가 생각하는 죽 전문점과는 차이가 많았다. 다른 일반 음식과 함께 팔거나 병원의 환자들을 상대로 파는 것이 전부였다.

이런 형편에 죽 전문점을 창업하고 그것을 기반으로 프랜차이즈 사업까지 전개하겠다는 계획을 세우고 있으니 터무니없고 허황돼 보이는 것은 당연했다.

일단 내가 가진 죽에 대한 확신을 증명해보고자 나는 아내와 함께 그나마 유명하다고 알려진 죽집을 찾아다니기 시작했다. 그리고 내가 생각하고 있는 죽 전문점의 콘셉트와 비교하며 각각의 장단점

정성
—
본죽
김철호 대표의
기본이 만들어낸
성공 레시피

> 2부
> —
> 연구와
> 도전은
> 평생의 과제

을 살펴보았다.

서울에서 꽤 유명하다는 죽집에 들어서자, 생각보다 손님이 제법 많이 있었다. 하지만 죽의 양이 적고 맛도 그저 그런 편이었다. 그렇지만 죽에 대한 수요가 분명 있다는 것을 확인할 수 있는 계기가 되었다.

"나라면 불지 않게 만들면서 맛까지 살아 있는 죽을 내놓을 수 있을 것 같은데……."

아내는 답사했던 죽집에서 내놓은 죽에 대해 이렇게 평가했다. 조금만 시간이 지나면 퍽퍽해져서 먹기가 어려운데 왜 날계란을 넣는지 모르겠다며, 옛날에야 영양을 보충하는 차원에서 계란을 넣었지, 요즘 시대에는 맞지 않는다고 말했다. 그리고 무엇보다 양이 적어 한 그릇을 다 먹고 난 뒤에도 허기진 느낌을 주어 한 끼 식사로는 부족하다는 것이 가장 큰 약점이라고 했다. 아내 역시 나의 판단과 다르지 않았다.

아내는 시장조사를 통해 한 끼 식사가 되는 맛있는 죽을 만든다면 죽 전문점으로 성공할 수 있다는 확신을 얻었다. 나의 입장에서 이러한 아내의 확신은 매우 의미 있는 일이었다. 내가 계획한 일을 단순히 나의 주관적인 감이 아닌, 사실을 근거로 설득한 것이기 때문이다.

그 길로 친정으로 간 아내는 죽을 많이 쑤어본 장모님께 죽 비법을 전수받기 시작했다. '죽을 한 그릇씩 쑤어 파는 것은 절대 불가능한 일'이라며 한사코 반대하시던 장모님도 결국은 아내의 열정에 죽 쑤는 비법을 알려주시지 않을 수 없었다.

결국 조사와 사실을 근거로 한 설득 덕분에 가족을 비롯해 나의 지원군들은 점점 더 많이 늘어나게 되었다.

질리지 않았다면 끝까지 매달리지 않은 것

　　음식점을 하는 사람들은 대부분 자신의 손맛을 과신하는 경우가 많다. 하지만 대대로 이어온 손맛으로 유명해진 맛집에 찾아갔다가 기대 이하인 음식 맛에 실망한 적이 있을 것이다.

　　왜 맛집에 찾아갔는데 이런 일이 생기는 것일까. 그것은 '맛'이라는 것이 매우 주관적으로 판단되기 때문이다. 누구 입에는 맛있지만, 누구 입에는 별로일 수 있는 것이다.

그렇다 보니 음식점을 하기 위해서는 정확한 요리법과 메뉴 개발이 매우 중요하다. 손이 바뀌어도 손맛 걱정을 하지 않아도 될 만큼, 누가 해도 같은 맛을 내는 체계적인 요리법과 이를 바탕으로 한 다양한 메뉴가 필요한 것이다. 이는 가맹점이 늘어날 경우를 생각하면 더욱 중요하게 신경 써야 할 부분이다.

나의 경우, 음식점 창업컨설팅을 하면서 이러한 사실을 너무나 잘 알고 있었기에 6개월 이상 죽 만들기에 전념했다. 실제로 죽을 쑤고 메뉴를 개발하고 이러한 요리법을 체계화하는 일은 순전히 아내 몫이었다. 아내는 요리사이기보다는 시인이며, 지금도 시인으로 자신이 평가받는 것을 더 의미 있게 생각하는 사람이다.

그런 사람이 6개월 이상을 매일같이 죽에만 매달려 있었으니 지금 생각해도 참 미안하고 고된 시간이었다. 나는 아내가 만든 수십 가지의 죽들을 먹고 평가하며 개선점을 찾는 데 주력했다. 결코 쉬운 과정은 아니었지만 다행히 예민한 입맛과 요리학원에서 배웠던 요리의 기본지식이 큰 도움이 되었다.

이 6개월은 사실 아내나 우리가족에게는 다시는 돌아가고 싶지 않을 만큼 힘든 시간이었다. 아내는 똑같은 죽을 수십 번씩 쑤면서 손바닥이 부르트고 손등이 수없이 데이는 등 육체적 고통에 시달려

정성
—
본죽
김철호 대표의
기본이 만들어낸
성공 레시피

야 했다.

나 역시 고역이긴 마찬가지였다. 아내에 비할 바는 아니었지만, 6개월 동안 죽만 먹고 사는 것이 쉽지만은 않았다. 나뿐 아니라, 아이들도 식사 때마다 "엄마, 또 죽이야?"라는 말을 입에 달고 다니며 끊임없이 죽을 먹고 또 먹어야 했다.

본죽의 메뉴를 개발하는 데는 두 가지 원칙이 있었다. 첫 번째는 '전통'이었다. 아무리 새로운 죽을 만든다고 해도 조상 대대로 이어온 우리의 전통적인 죽을 포기할 수는 없다고 생각했다.

그래서 기본적인 전통죽을 몇 가지 정하여 그 죽 본연의 맛을 살리는 데 주력했다. 두 번째는 '젊은 층이 즐길 수 있는 메뉴'였다. 초기부터 죽의 전문화, 브랜드화를 꿈꿨기에 젊은 소비층을 확보하는 것은 매우 중요하다고 생각했다. 우리는 이 두 가지 원칙을 세우고 메뉴 개발에 착수했다.

또한, 본죽은 처음부터 주문이 들어오면 죽을 조리하는 것을 원칙으로 삼았다. 시장의 팥죽처럼 미리 많이 만들어놓고 파는 것이 아니라 한 그릇씩 맞춤죽을 판매하는 것이다. 죽을 쑤어본 경험이 있는 사람이라면 누구나 말릴 일이었지만 나는 죽이라는 음식이 가진 약점을 오히려 장점으로 만들겠다고 결심했다. 미리 쑤어놓은 죽은 비위생적이기도 하지만 금방 불어버린다. 돈을 내고 불어버린 죽을 사먹을 사람이 어디 있겠는가. 그러니 이 부분을 개선해내야만 했고, 이 벽을 넘어야 본죽만의 차별화가 가능하다고 생각했다.

게다가 다른 음식과 달리, 사람들이 죽이라고 하면 으레 '정성'을 떠올릴 만큼 그 조리과정이 무척이나 까다로워 이를 개선하기 위해서도 많은 노력이 필요했다. 우선 조리시간이 길고 조리하는 동안 내내 곁에서 지켜보고 있어야 하기 때문에 죽은 손이 많이 가는 음식이다.

그러니 주문이 들어오면 맛과 영양을 살리면서 최대한 음식이 빨리 만들어지도록, 조리시간 단축에만 2개월 이상의 시간을 쏟아부었다. 이렇게 해서 개발된 초기 메뉴는 15가지였다. 본죽의 특성을 살린 영양맛죽 9가지와 전통건강죽 6가지가 탄생한 것이다.

정성

본죽
김철호 대표의
기본이 만들어낸
성공 레시피

맛보다 중요한 이벤트는 없다

앞에서도 말했지만, 죽의 가장 큰 단점이자 특징은 조리시간이 길다는 것이다. 이는 바쁜 현대인의 생활패턴을 고려할 때 죽 전문점이 넘어야 할 가장 큰 산이다. 물론 그러한 시간이 '정성'이라는 의미와 결부되어 죽만의 고유한 특징을 만들어내기는 하지만, 결코 경쟁력 있는 장점이라고 볼 수는 없다.

이러한 죽의 특성은 음식점 홍보에 있어서도 중요하게 작용했다. 빨리 만들어 신속하게 내놓을 수 없는 음식이기에, 손님을 한꺼번에 많이 감당할 수 없다는 한계가 있었다. 그래서 과감하게 내린 결정, 그것은 '오픈 이벤트 금지'였다.

이벤트를 하면 개업을 알리는 효과는 있겠지만, 갑자기 몰리는 손님들 탓에 오히려 가게 분위기가 부산스러워지고 이 때문에 서비스나 맛에서 질이 떨어질 수 있겠다 싶었다. 또한 본죽은 미리 쒀놓고 판매하는 것이 아니고 주문을 받고 조리하기 때문에 시간이 걸리지 않는가.

2002년 9월 9일, 본죽은 전단지 한 장 뿌리지 않고 조용히 문을 열었다.

장사 하루 이틀 할 것이 아니라는 생각, 멀리 보고 끈질기게 맛에 매달리면 홍보의 효과는 자연스럽게 따라온다는 나의 신념을 증명하고 싶었다.

오히려 초기에 대대적인 이벤트를 할 경우 아직 완성도가 부족한 음식점의 약점만 노출하는 계기가 되어 손님의 인심을 잃기 시작하고 신뢰 또한 회복하기 어렵다고 생각했다. 한 그릇 더 팔려다가 잠재적인 고객을 영원히 놓치는 꼴이 되는 것이다.

정성
—
본죽
김철호 대표의
기본이 만들어낸
성공 레시피

2부
―
연구와
도전은
평생의 과제

아직도 간혹 가맹점 사장님들 중에는 대대적인 오픈 이벤트의 유혹을 떨쳐버리지 못해 망설이는 분들이 있다. 그런 분들에게 나는 단호하게 말한다.

"단 몇 그릇을 팔더라도 원칙대로 하세요."

단 몇 그릇이라도 반드시 정성의 원칙이 들어간 맛있고 제대로 된 음식을 손님에게 제공해야 한다. 그래야만 손님이 만족하고 계속해서 그 가게를 찾게 된다. 어떻게 하면 더 좋은 맛으로 손님을 대할 수 있을까를 고민하되, 매출은 인내를 가지고 기다려야 얻을 수 있다.

또한 내 입에 맞는 음식이 아닌 고객의 입맛을 관찰하고 한 번 찾아온 고객의 평가를 신중히 새겨듣는 것도 중요하다. 개업 초기에 중요한 것은 원칙대로 죽을 만들어서 배운 그대로 손님에게 서비스했는지 여부다. 매상? 그것은 시간이 해결해준다. 최선을 다했다면, 판단은 손님의 몫이니까.

물론 이렇게 말하는 나 역시 매출에서 자유로울 수 없는 사람인 것은 분명하다. 본죽의 콘셉트를 지켜야 한다는 생각에 이벤트 없이 개업을 해놓고도 좌불안석 행주를 들고 서성이던 것이 하루 이틀이 아니었으니.

이럴수록 초기 고객들의 반응에 신경을 쓰며 무엇을 개선하고 무엇을 바꿔나갈지 계속해서 고민하는 힘이 필요하다. 나의 경우, 비록 개업초기 고객은 많지 않았으나 재방문하는 비율이 높으며 이들이 맛과 양의 측면에서 크게 만족하는 것을 유심히 관찰했다. 이를 통해 장기적으로 볼 때 이 사업이 희망적일 수 있음을 깨달았다.

운이나 감으로 성공을 바라는 것이 아니라, 끊임없이 머리를 써서 고민하고 몸으로 시도해야 성공을 얻을 수 있다. 개업 첫날 매출 12만 5,000원이라는 한없이 실망스러웠던 실적을 나는 아직도 기억한다. 옆 가게에는 줄을 서서 들어가는 손님들이 우리 가게 문을 열고 들어서지 않을 때의 심정. 겪어보지 않은 사람은 모를 것이다.

하지만 제대로 만들지 않으면 제대로 인정받을 수 없다. 원칙을 믿고 원칙대로 하면 손님들이 알아줄 것이라는 믿음을 갖고, 늘 한결같은 마음과 자세로 손님을 대하면 언젠가는 뜻대로 이루어질 거라는 긍정적인 생각을 잊어서는 안 된다.

정성
—
본죽
김철호 대표의
기본이 만들어낸
성공 레시피

홍보란 타깃의 마음을 움직이는 것

개업 초기의 작은 시행착오들을 개선하면서 본죽은 점차 안정궤도에 올라서게 되었다. 하지만 이제 한 단계 더 도약이 필요하다는 생각이 들었고, 이때 우리만의 홍보방법에 대해 진지하게 고민을 하게 되었다.

처음에 생각한 것은 전단지 배포였다. 이는 누구나 쉽게 생각할 수 있는 홍보수단이다. 하지만 여기에도 치밀한 계획과 나만의 원칙이 있었다. '전단지 한 장에도 정성을 담는다'는 것이 바로 나의 원칙이었다.

분주하게 재료 준비를 끝내고 아침 출근시간에 맞춰 나와 아내는 혜화역으로 전단지를 들고 나갔다. 아르바이트를 쓰면 더 많은 양을 더 많은 곳에 배포할 수 있지만, 그런 방법으로는 어렵게 만든 전단지가 길가에 버려지는 쓰레기밖에 되지 않을 것을 잘 알고 있었다. 그래서 나와 아내는 또다시 호떡장사 때처럼 정장을 입고 전단지 배포에 나섰다.

사람들은 누구나 전단지 받는 것을 귀찮아한다. 눈길 한번 주지 않고 지나가는 사람이 부지기수다. 이럴 때 전단지를 나눠주는 사람마저 무성의하게 배포한다면 효과는 기대하기 어렵다. 내 일이 아니기에, 배포하기로 한 분량만 채우면 된다는 생각으로 하게 되면 이것은 홍보의 의미를 잃게 된다.

하지만 전단지를 배포하는 사람이 이를 받는 사람과 눈길을 마주치며 성의껏 나눠준다면 이야기는 달라진다. 얼마나 많이 배포했느냐가 중요한 게 아니라, 다만 몇 십 장이라도 얼마나 잘 전달했느냐가 관건이다. 실제로 전단지를 성의껏 전달하다 보면 어떤 사람이 가게에 방문하게 될지 짐작할 수 있다. 전단지를 배포하는 짧은 순간 동안 상대의 반응을 관찰할 수 있기 때문이다. 이러한 방법은 음

정성

본죽
김철호 대표의
기본이 만들어낸
성공 레시피

식점에 대한 좋은 이미지도 심어줄 수 있어 매우 효과적이다.

우리는 석 달 동안 매일 아침 8시부터 9시까지, 4호선 혜화역 3번 출구를 지켰다. 서울대병원과 인근 혜화전화국으로 출근하는 사람들이 한꺼번에 몰려나오는 출구. 말 그대로 물밀듯이 쏟아져 나오는 사람들 속에서 전단지를 뿌리는 데에는 나름대로 요령이 필요했다.

닥치는 대로 모든 사람들에게 돌리기보다, 우리 가게의 주요 고객이 될 젊은 여성들에게 집중하여 나눠주었다. 아내와 나는 받기 편하게 편지봉투만 하게 미리 접어놓은 전단지를 한 장 한 장 정성을 다해 설명을 해가면서 전단지를 나눠주었다. 그리고 깨끗하고 고급스러운 죽 전문점의 이미지를 심어주기 위해 항상 정장을 말끔하게 차려입었다.

홍보는 여기서 끝나지 않았다. 주요 고객들이 몰려 있는 서울대병원을 1차 타깃으로 삼고 홍보 스티커를 배포하기 시작했다. 이때도 단순히 전단지만 휙 뿌리고 마는 것이 아니라 냉장고용 스티커를 만들어 냉장고 안쪽에 병실마다 직접 붙이며 다녔다.

병실 관리가 철저한 대학 병원의 병실에서 이런 홍보작업을 하기란 결코 쉬운 일이 아니었다. 냉장고나 벽면 어디에도 홍보물을 붙일 수가 없노록 되어 있었고 붙인다고 해도 바로바로 철거되었기에,

우리는 고심 끝에 냉장고 안쪽에 스티커를 붙이게 되었다. 그러면 미관을 해칠 염려도 없고, 또 오랫동안 붙어 있을 수도 있었다.

하지만 냉장고 문을 열고 일일이 물기를 닦아내면서 스티커를 붙이는 작업은 그렇게 만만한 일이 아니었다. 하루에 두 개 층을 돌아다니며 붙이고 나면 다리가 후들거려서 걸을 수가 없을 정도였다. 몇 번은 중간에 제지를 당하기도 했다. 하지만 큰 무리 없이 병원 홍보를 계속할 수 있었고, 그런 작업들이 매출을 상승시키는 데 큰 도움이 되었다.

이런 노력 덕분인지, 본죽의 매출은 순조롭게 증가했다. 예상대로 한 번 방문했던 손님들은 본죽의 맛과 분위기에 반해 곧 단골이 되었다. 그리고 올 때마다 매번 다른 동료들과 같이 오면서 본죽을 소개하곤 했다.

단골손님이 늘고 본죽이 알려지면서 매출목표는 계획보다 빨리 달성되었다. 개업한 지 3개월이 지났을 때, 마침내 그렇게도 멀게만 보였던 '하루 100그릇'이라는 목표를 이루게 되었다. 1차 소망이 이뤄진 것이다. 지금 생각해보면 정말 소박한 목표였고 꿈이었다. 그 소박했던 꿈의 성취가 지금 본그룹을 이루는 첫걸음이었다. 그날 저녁, 영업을 마감하던 아내의 눈에 눈물이 고였다. 가게를 오픈한 날부터 아내는 '이것마저 망하면 어쩌나?' 하는 불안에 밤마다 잠을 설쳤고, 꼭 성공해야 한다는 절박함에서 단 한순간도 자유롭지 못했던 아내였다.

아내만큼이나 나도 기뻤다. 본죽이 정말 성공할 수 있을까 의심하던 주변의 부담스러운 시선에서 벗어날 수 있었고, 무엇보다 죽 전문점에 대한 내 생각과 계획들이 터무니없는 것이 아니었음을 스스로 증명해보였다는 것에 자부심을 가질 수 있었다.

되돌아보면 본죽의 홍보방법은 무던히도 바보스러운 방식이었다. 하지만 어쩌면 그처럼 우직한 방식이 바로 '죽'이라는 음식을 알리는 데 가장 적합하지 않았나 생각된다. 죽 한 그릇을 쑤듯, 홍보에도 '정성'을 담았기에 장기적인 효과로 이어질 수 있었던 것이다.

순간의 기지,
화려한 과정에 주목하지 마라
모든 일의 기본이 결과를 결정한다.

새로운 도전, 본죽&비빔밥

당시에 잘나가던 본죽 브랜드가 있음에도 우리가 새로운 브랜드 개발에 나선 것은 2006년부터였다.

생각의 출발은 앞에서도 말했듯이 우리가 가지고 있는 전통음식에 대한 편견을 없애고 세계를 무대로 우리 음식을 제대로 알려보고 싶다는 꿈에서 비롯되었다.

그렇기에 새로운 전통음식을 선택하고 이에 걸맞은 브랜드를 개발하는 것은 브랜드 하나를 만들어서 사업을 한다는 것을 넘어서는 의미가 있다.

나는 대중적인 한식 아이템이면서 본죽만큼 새로운 컨셉과 브랜드를 만들 수 있는 전통음식을 찾기 시작했다. 그때 마침 주목을 받기 시작한 것이 비빔밥이었다. 비빔밥은 기내식으로 공급되면서 한국인 탑승객 90% 이상이 선호할 정도로 인기를 끌고 있었다. 한국인뿐만 아니라 기내식으로 비빔밥을 선택하는 외국인도 증가하는 추세였다. 그러나 비빔밥은 우리가 많이 즐기면서도 그 가치가 제대로 대접받지 못하는 전통음식의 하나였다.

비빔밥을 염두에 두고 있으면서도 한편으로는 망설이고 있을 때였다. 이때 아내가 적극적으로 이 비빔밥 사업에 팔을 걷어붙이고 나섰다. 죽을 브랜드화할 때 고집스럽게 밀어붙이던 그 열정에 다시 불이 붙은 것이다.

오히려 아내는 망설이는 나와 직원들을 설득했다.

"비빔밥은 조리하기에 따라서 완전식품이 될 수 있습니다. 누구나 좋아하는 음식으로 개발할 자신도 있습니다."

아내는 나에게 비빔밥을 새로운 브랜드로 개발하자고 적극 주장하고 나섰다. 아내의 고집에 나는 결국 두 손을 들었다. 마침내 아내

정성

본죽
김철호 대표의
기본이 만들어낸
성공 레시피

의 적극적인 제안으로 비빔밥 개발이 결정된 것이다.

그 뒤로, 아내는 본죽을 개발할 때처럼 꼬박 몇 달 동안을 비빔밥 개발에 몰입했다. 죽을 개발할 때처럼 과정 하나하나를 같이하지는 못했지만, 옆에서 지켜보며 아내의 정성이 대단함을 새삼 느낄 수 있었다.

6~7개월이라는 시간이 지난 뒤, 드디어 시제품 평가를 하게 되었다. 그 자리에서 나는 비빔밥의 놀라운 변신을 목격할 수 있었다.

가장 먼저 비빔밥 위에 얹는 고명에 놀랐다. 고명은 단지 볶은 소고기가 전부라는 인식을 통째로 뒤집은 시제품 앞에서 나는 벌어진 입을 다물 수 없었다. 마치 피자 위 토핑처럼 여러 가지 빛깔의 고명이 얹혀 있었다. 낙지를 비롯한 다양한 해산물은 물론 고기, 버섯, 김치 등이 쓰였다.

변한 것은 고명만이 아니었다. 비빔밥 하면 으레 떠올리는 계란프라이가 없어지고, 대신 계란지단을 이용해 영양분은 고스란히 유지하면서 시각적으로도 화려하게 장식한 것이다.

개발자의 열정과 노력 여하에 따라 비빔밥도 다양한 메뉴가 개발될 수 있다는 사실을 알게 된 것도 그때였다. 단순히 비빔밥과 돌솥비빔밥이 전부라고 생각했던 꽉 막힌 사고가 얼마나 큰 잘못인지 깨달은 것이다.

회를 주재료로 하는 비빔밥, 수삼을 넣은 비빔밥, 굴을 넣은 비빔밥 등 다양한 메뉴가 준비되어 있었고 차림도 기존 비빔밥과는 확연히 달랐다. 소스에는 고추장만이 아니라 초고추장, 양념간장이 추가되어 있었고 여기에 외국인들이 좋아하는 야채 샐러드가 곁들여 있었다.

다양한 재료를 사용하고 고명에도 발상의 변화를 꾀해 비빔밥 재료는 나물과 계란 프라이를 얹어 먹는 정도라는 생각을 송두리째 바꿔놓은 본비빔밥 시제품은 다시 봐도 놀라운 것이었다.

비빔밥의 놀라운 시제품 결과를 보고 결국 본격적인 본비빔밥의 브랜드 개발을 결정했다. 그 후 아내는 직접 점포를 운영하면서 문제점을 개선시키고 메뉴를 업그레이드하는 과정을 거쳤다. 이처럼 본비빔밥 브랜드도 본죽과 마찬가지로 초기 단계에 많은 시간을 들였고 치밀하게 준비한 끝에 탄생하게 되었다.

지금 비빔밥은 많은 시행착오를 극복하면서 계속 개선을 하여 '본죽&비빔밥cafe' 브랜드로 본브랜드를 지탱하는 핵심 브랜드로 자리를 잡았다. 도전하지 않고 안주했다면 있을 수 없는 결과이다.

세상 사람들의 말처럼 본죽 브랜드만으로도 나는 누구도 예상하지 못한 성공을 거두었다. 흔히 말하듯이 '밥 먹고사는 데 지장이 없

정성
—
본죽
김철호 대표의
기본이 만들어낸
성공 레시피

을 정도'는 되었다. 그러니 현실에 만족한다면 절대 그와 같은 모험을 할 필요가 없었다.

그런데도 제2브랜드, 제3브랜드를 계속해서 출시한 데에는 이유가 있다. 바로 본의 정신이 그 중심에 있기 때문이다. 본죽이 성공 궤도에 오르고, '본'을 하나의 브랜드로 성장시킨 것만으로도 나에겐 크나큰 성공이었다. 하지만 나는 진정한 성공은 단순히 물질적 성장이 아니라고 보았다.

절대 현실에 안주하지 않는 자세. 이것이 오늘의 나를 만들고 본죽을 만들었듯, 앞으로 나아가려는 태도가 무엇보다 중요하다고 생각했다. 하나의 브랜드를 성공하고 관리한다는 것이 얼마나 힘든 일인지 나는 이미 너무나 잘 알고 있었기에, 현실에 안주하기로 마음먹었다면 무리하여 브랜드를 개발하지도 않았을 것이다.

새로운 메뉴, 새로운 브랜드를 개발하는 일은 고된 일이지만 그만큼 아내와 나에게는 즐거운 일이기도 하다. 매 순간 자신에게 마치 새로운 미션을 부여하듯, 새로운 것을 만들어내며 그 안에서 일의 가치와 삶의 행복을 누릴 수 있기 때문이다.

끊임없이 나를 버리고 바꾸어야 했다.
절박함과 간절함이 앞으로 나아가도록
나를 일으켜 세우는 원동력이 되었다.

본도시락의 라이벌은 본도시락

본브랜드는 전통 한식을 재해석하고 체계화하여 많은 사람들이 보다 안정적인 프랜차이즈를 운영할 수 있는 브랜드를 만드는 것을 사명으로 하고 있다. 본죽과 본죽&비빔밥cafe도 그러한 미션에 충실하게 노력한 결과이다.

우리의 전통 음식이 가지고 있는 장점과 정체성을 지키면서 그것을 현대에 맞게 재해석하고 시스템을 정립하여 많은 사람들이 보다 간편하고 안정적으로 가맹점 사업을 운영할 수 있게 만든다면 그것으로서 '서로 협력하여 선을 이룬다'는 설립이념과 '본으로 성공을 돕는다'는 본아이에프(주)의 존재 이유를 명확히 하는 것이기 때문이다.

그래서 나는 국수, 순대 등의 뼈저린 실패를 거듭하면서도 도전을 멈추지 않는 것이다. 그 과정에서 한 브랜드가 탄생하기까지 얼마나 많은 노력과 시행착오를 극복해야 하며 외부적인 환경과 더불어서 내부적으로 얼마나 많은 노력과 희생이 있어야 하는지도 깨닫게 되었다.

사업차 일본을 방문하면서 참 많이 놀랐던 것 중에 하나가 바로 도시락이다. 일본을 여행하면서 일본의 음식 재료를 활용하여 그렇게 다양하고 각 지방의 특색을 살린 도시락을 만들어내고 즐기는 것을 보면서 굉장한 충격을 받았다.

당시 우리나라에도 도시락이 없는 것은 아니었다. 그리고 도시락에 대한 우리나라 사람들의 정서도 남다르고 상당히 긍정적이다. 그러나 내가 주목한 것은 그저 어쩔 수 없이 한 끼 때우기 위한 값싼 도시락이나 호텔 등에서 제공하는 값비싼 도시락이 아니었다.

도시락 하나에도 한식 재료의 건강함을 살리고 자녀나 사랑하는

정성
—
본죽
김철호 대표의
기본이 만들어낸
성공 레시피

사람들의 건강을 위한 어머니의 정성을 담아낸다면 충분히 고객에게 사랑을 받을 수 있겠다는 확신이 들었다. 그러나 그것을 현실에서 구현해내고 시스템을 만들어 가맹점을 개설하고 고객들에게 제공하기까지는 정말 많은 어려움을 극복해야 했다.

그럼에도 불구하고 그 과정에서 '어머니의 정성을 담은 프리미엄 한식도시락'이란 브랜드 콘셉트와 '각 재료와 지방의 스토리를 담아낸 도시락'을 만든다는 원칙만큼은 절대로 포기하지 않았다.

또한 건강한 도시락이란 콘셉트에 맞게 용기도 친환경 용기를 사용하는 결단을 내렸다. 비용적인 부분에서 부담해야 할 부분이 컸지만은 비용 때문에 건강을 위하여 정성을 담는다는 본질을 포기할 수 없는 결정이었다.

그리고 본격적으로 가맹점 개설을 하기 전에 각각 서로 다른 상권에 시범점포를 운영하면서 혹시 있을 수도 있는 문제점을 개선하고 보완해나가는 작업을 계속했다. 특히 도시락을 배달하는 사업모델이 당시에는 국내에 없었고 우리도 처음 시도해보는 부분이기 때문에 매장을 운영하고 배달 시스템을 정비하기 위하여 끊임없이 고민하고 개선작업을 계속했다.

그렇게 해서 탄생한 것이 '본도시락'이다. 지금은 전국에 300개가 넘는 가맹점으로 성장했고 고객의 사랑을 받는 브랜드가 되었다.

개인 고객의 사랑뿐만이 아니라 기업체의 회의나 행사, 각종 단체의 대량주문 도시락 시장에서 본도시락은 단연 으뜸의 자리를 지킬 만큼 성장했다.

또한 우리나라에서 개최되는 국제적인 행사인 평창동계올림픽 성화봉송 릴레이 전 구간에 100일 동안 도시락을 공급하는 업체로 선정되어 본도시락을 홍보하는 것뿐만이 아니라 사회에 기여하는 브랜드가 되었다는 자부심을 얻을 수 있었다. 이는 본도시락에 대한 품질과 브랜드의 신뢰가 없었다면 결코 가능한 일이 아니었다.

지금은 도시락 시장이 급성장하여 전국의 모든 편의점에서도 도시락 판매가 일반화되었고 많은 업체에서 도시락 사업을 하고 있다. 그리고 도시락 산업은 아직도 일본에 비해 현저히 작은 시장규모이며 앞으로도 더 빠른 성장가능성이 높은 산업임에는 분명하다. 그만큼 경쟁도 치열한 시장이다.

그러나 본도시락은 다른 브랜드와 경쟁하는 것이 아니라고 생각한다. 프리미엄 한식 도시락이란 개념을 처음으로 만들어냈고 그 시장을 창출해낸 것에 나는 큰 자부심을 느끼고 있다.

그저 어쩔 수 없이 한 끼 때우는 값싼 도시락이 아니라 정성과 건강이 담긴 프리미엄 한식 도시락이란 콘셉트를 유지하기 위해서

| 2부
|
| 연구와
| 도전은
| 평생의 과제

많은 시행착오를 겪었고 그 과정에서 쉬운 방법을 선택하고 싶은 많은 유혹을 어렵게 견뎌내야 했다.

그러나 그 과정에서 깨달은 게 있다. 바로 우리가 경쟁해야 하는 상대는 다른 브랜드가 아니라 우리의 콘셉트를 지키기 위해 우리 스스로와 끊임없이 경쟁해야 한다는 것이다. 본도시락의 경쟁 상대는 바로 본도시락이다.

고객에게 옳은 것을, 본설렁탕

설렁탕은 우리의 전통음식 중에서도 큰 자리를 차지하고 있고 많은 사람들의 사랑을 받는 음식이다. 또한 한 끼의 식사에도 건강을 생각해서 먹을 만큼 영양이 풍부하고 정성과 시간이 많이 들어가는 음식이다.

그래서 오랫동안 대를 이어 운영해온 역사를 자랑하는 유명한 설렁탕집도 있고 브랜드로 운영되는 대형 설렁탕집도 있다. 또한 요즘은 많은 한식당에서 파우치로 포장된 설렁탕을 조리해서 내는 집도 많다. 그만큼 우리나라 사람들에게 설렁탕은 친숙한 음식이고 또 자주 먹는 음식이라는 얘기이다.

그러나 설렁탕에 대해서 고민하면서 알게 된 사실은 많은 사람들이 설렁탕을 좋아는 하지만 사골 육수에 대한 믿음이 부족하다는 것이었다. 그래서 전통이 있다는 집을 일부러 찾아가거나 알려진 브랜드를 찾아간다는 것이었다.

그러나 문제는 사람들의 수요만큼 점포가 많은 것도 아니고 또한 거리가 멀리 있기 때문에 전문점이 아닌 곳에서 어쩔 수 없이 설렁탕을 먹는 경우가 많다는 것이었다. 여기에서 나의 고민과 또 다른 도전이 시작되었다.

고객의 입장에서는 어떻게 하면 믿을 수 있는 품질의 설렁탕을 좀 더 간편하게 자주 먹을 수 있을까? 가맹점을 운영하는 사장님들은 어떻게 하면 오랜 시간이 걸리고 품이 많이 드는 설렁탕을 간편하게 운영하면서도 고객의 신뢰를 확보할 수 있을까?

이 문제를 풀어낸다면 분명히 많은 고객과 창업 희망자에게 본죽과 같은 새로운 역사를 쓸 수 있을 것이라는 생각이 들었다. 이것 또한 전통한식을 브랜드화하고 시스템화하여 많은 사람들에게 성공의 기회를 제공하고 고객들에게 안심하고 먹을 수 있는 음식을 제공한다는 본브랜드의 사명에 일치하는 일이었다.

그러한 분명한 이유로 시작한 설렁탕이었지만 그 과정은 또한 만만치 않은 어려움과 시행착오의 연속이었다. 100% 사골을 우려내고 맛을 내는 과정에서 많은 시행착오를 겪어야 했고 첨가물을 넣어서 쉽게 맛을 내고 싶은 유혹을 끊임없이 뿌리쳐내야 했다. 그러나 나는 항상 그랬듯이 쉬운 길이 아니라 옳은 길을 선택하겠다는 원칙을 지켰다.

처음에 정한 사골육수에 대한 품질을 지키고 본죽이 그랬던 것처럼 항상 고객에게 옳은 것을 제공하겠다는 원칙을 지킨다면 고객은 분명히 본설렁탕을 신뢰할 것이라는 믿음을 가졌기 때문이다. 그리고 고객의 입장에서 지금까지의 일반적인 설렁탕의 개념이 아닌 설렁탕의 본질을 유지하되 새로운 콘셉트의 설렁탕을 만들어내야 했다.

단지 육수에 대한 믿음과 맛만을 가지고는 부족했기 때문이다. 그것은 고객에게 사랑을 받기 위한 필요조건이지 고객의 숨은 니즈까지 충족시켜 주는 충분조건은 아니라고 생각했다.

그러한 고민의 결과가 바로 사골육수를 기본으로 하되 고객들의 취향에 맞게 즐길 수 있는 다양한 종류의 설렁탕이 만들어진 것이다. '왜 설렁탕은 하얀 국물만 있는가? 왜 설렁탕에는 백반만 같이 먹어야 하는가? 나는 속이 좀 풀리는 얼큰한 국물을 먹고 싶은데 왜 그런 사골육수는 없는가?' 하는 고민을 하고 그것을 고객의 입장에서 새롭게 접근하고 정통을 지키되 현대의 고객에 맞게 설렁탕을 새롭게 재해석하는 과정에서 본설렁탕의 다양한 메뉴가 만들어진 것이다.

또한 내부 인테리어에도 고객의 입장에서 많은 고민을 했다. 기존의 오래된 설렁탕집이 갖는 이미지를 탈피하고 여성 고객 및 혼밥 시대에 맞추어 고객들 모두 깔끔하고 세련된 분위기에서 식사를 즐길 수 있도록 세심한 곳까지 신경을 써서 매장 인테리어를 했다. 건강한 전통한식이란 설렁탕의 본질을 지키면서도 지금까지 없었던 전혀 다른 설렁탕 전문점이 바로 본설렁탕이다.

맛과 메뉴를 정하고 완성하는 것으로만 끝이 아니었다. 우리는 본으로 행복을 돕는 사람들이다. 그렇게 하기 위해서 본브랜드를 통하여 많은 가맹점 사장님이 성공할 수 있도록 돕는 것이 우리의 사명이다.

경험이 없는 사람들도 본설렁탕 브랜드를 믿고 기맹짐을 창업하고 쉽게 운영할 수 있는 시스템을 완성해야 비로소 하나의 브랜드가 완성되었다고 말할 수 있을 것이다. 그 두 번째 작업을 완수하기 위해서 지난 3년 동안 많은 자금을 투여했고 또한 서로 다른 상권에서 시범점포를 운영하면서 문제점을 보완하면서 시스템을 정비하고 보완하는 작업을 계속했다.

이 과정에서 내가 또 하나 주목한 점은 가맹점의 인건비 부담에 대한 문제이다. 우리나라에서도 최저임금이 상향조정되고 앞으로도 계속 인건비는 올라갈 것이다. 이 문제는 본설렁탕만의 문제가 아니라 사람을 고용하여 운영하는 모든 사업장의 문제이며 수익을 내기 위해서는 반드시 풀어야 하는 숙제이다.

그렇다고 인건비 상승을 한 개인이 막을 수도 없으며 내 수익을 더 내기 위하여 직원의 희생을 담보로 해서는 절대로 안 되는 일이다. 답은 시스템이다. 본설렁탕의 본질을 지키면서도 가맹점 운영 현장에서 최대한 절차를 간편하게 운영할 수 있는 시스템을 만들어 낸다면 문제는 어느 정도 해결할 수 있을 것이다.

그래야 인건비를 절약하고 경험이 없는 사람들도 본설렁탕 가맹점을 창업하고 보다 간편하게 운영할 수 있을 것이다. 이러한 문제를 해결하고 시스템을 만들어내고자 3년간 점포를 운영하면서 가맹점을 개설하기 위한 경험과 노하우를 축적하였던 것이다.

이렇게 해서 탄생한 브랜드가 바로 본설렁탕이다. 이 과정에서

정성
—
본죽
김철호 대표의
기본이 만들어낸
성공 레시피

> 2부
> —
> 연구와
> 도전은
> 평생의 과제

연구소 및 본부의 본죽인들이 많이 노력했고 장시간 고생도 많았다. 우리나라는 프랜차이즈 본부도 많고 특히 노하우도 충분히 축적되지 않고 준비도 덜 된 상황에서 쉽게 가맹점을 모집하고 그 결과가 좋지 않아 손해를 보는 사례가 많다.

참으로 안타까운 일이다. 어떤 사람들은 말한다. '본죽은 그동안 한식 프랜차이즈에 충분한 역량이 축적되어 있고 시스템도 잘 되어 있는데 그렇게까지 철저하게 준비해야 하느냐?'고.

나는 앞의 말은 맞지만 뒤의 말에는 동의하지 않는다. 우리는 본으로 행복을 돕는 사람들이고 본브랜드로 성공하는 가맹점 사장님을 많이 만들어내는 것이 우리의 사명이다. 그렇게 하기 위해서는 실패하는 가맹점 사장님이 없어야 한다.

새로운 브랜드라 할지라도 성공하는 가맹점을 많이 만들고 실패하는 가맹점을 최대한 줄이는 것이 바로 나와 본그룹의 임직원들이 해야 할 일이다. 그러기 위해서 사전 준비는 아무리 철저하고 시간이 걸린다 할지라도 지나치지 않는다고 생각한다.

본설렁탕은 고객과 가맹점 창업 희망자 모두의 입장에서 우리의 전통음식 설렁탕을 완전히 새롭게 재해석한 브랜드이다. 나는 본설렁탕이 고객에게 본죽과 같은 사랑을 받고 앞으로 회사를 싱장시키는 든든한 역할을 할 것을 믿는다.

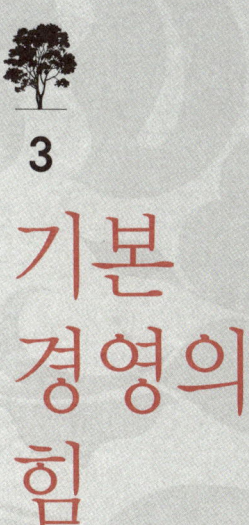

3

기본 경영의 힘

: 돌아가는 듯해도
기본이 성공을 부른다

첫 마음, 첫 원칙을 지키다

처음, 첫 마음, 첫 원칙에 대해 이야기하려 한다. 이는 앞장에서 말한 유연함과는 다른 차원의 이야기다. 우리 삶에서 유연함만 필요하거나 원칙만 필요한 경우는 거의 없다. 대부분은 이 둘이 조화를 이루어야 하며 상황에 따라 선택적으로 둘 중 하나를 취해야 할 때가 많다.

첫 마음과 첫 원칙을 고수하는 것은 나를 더욱 나답게 하는 데 의미가 있다면 유연함은 나의 삶과 사업을 더 발전하게 한다.

장사를 처음 하는 사람은 주위의 반응에 민감하기 마련이다. 처음에는 한 귀로 흘려듣다가도 같은 이야기를 반복해서 듣게 되면 자신도 모르게 그 말이 맞는 게 아닌지 의심하게 된다. 그러면 어느새 처음 정했던 원칙이나 이를 지키겠노라 다짐했던 첫 마음은 잊고, 사람들의 이야기대로 따라 하면 정말 장사가 더 잘되지 않을까 하는 유혹을 느끼게 된다.

하지만 장사에서는 처음 정한 원칙과 첫 마음가짐이 너무나 중요하다. 아니, 오히려 여기서 벗어나는 순간 실패의 길로 들어서는 경우가 많다. 주위의 의견을 듣는 것은 중요하지만 자신의 올바른 선택이 아닌, 그저 남의 의견에 줏대없이 이끌려 일을 그르치는 경우가 생기기 때문이다.

처음 본죽을 열었을 때 손님들에게 가장 많이 들었던 이야기는 "정말 맛있다. 장사 잘되겠다"였다. 두 번째로 많이 들었던 이야기가 "웬 죽 한 그릇이 이렇게 양이 많으냐?"는 말이었다. 사실 지금도 본죽을 처음 찾는 손님들 중에는 양을 좀 줄이고 가격을 낮추면 장사가 정말 잘되겠다며 조언하는 분들도 많았다.

하지만 나는 그들의 이러한 이야기를 마음속에 소중히 담아두는 것으로 그쳤다. 손님들의 조언은 본죽의 애초 원칙과 맞지 않았기

정성
―
본죽
김철호 대표의
기본이 만들어낸
성공 레시피

때문이다.

물론 원칙을 지킨다고 하는 것이 나의 고집을 지키는 것은 아닌지 자주 뒤돌아보곤 한다. 나의 개인적인 원칙을 지키기 위해 상황에 맞지 않는데도 무조건 내 의견을 굽히지 않았다면 아마도 그건 고집이었을 것이다.

하지만 지금도 당당히 말할 수 있는 것은 음식장사에 대한 기본적인 생각이 고객에게 향해 있었으며 이것이 결코 나의 고집만을 세우기 위함이 아니라는 것이다. '맛있고 한 끼 식사로 충분한, 맞춤죽'을 만들겠다는 나의 원칙. 이런 차원에서 볼 때, 나의 원칙과 첫 마음은 힘들지만 지켜내야 했던 중요한 부분이었다.

환자들이나 속이 좋지 않은 사람들만 대상으로 장사한다면, 우리 죽의 양이 많다고 판단할 수도 있다. 하지만 나는 처음부터 일반인을 주 고객으로 정했고, 그것도 혈기왕성한 젊은 층을 1차 타깃으로 설정했다. 속이 불편하거나 몸이 아파서 어쩔 수 없이 먹는 죽이 아니라, 젊은이들에게 영양식으로 충분한 한 끼 식사가 될 수 있도록 양을 조절한 것이다.

대신 한 번에 먹기에 양이 많다고 느끼는 환자나 노약자를 위해 1인분의 양을 두 개로 나누어 포장해주었다. 주문할 때부터 양이 많다고 말하는 손님에게는 원하는 양만큼 제공하거나 나누어 포장해주기도 한다.

양에 관한 문제는 시간이 지나면서 천천히 해결되었다. 본죽을 찾은 손님들은 대부분 다시 찾아주었고, 그때마다 혼자 오지 않고 다른 동료와 함께 오는 경우가 많았다. 그리고 재방문을 할 때에는 죽을 남기는 경우가 거의 없었다.

본죽이 한 끼 식사로 충분한 음식임을 이미 알고 온 사람들이기에 그러했을 것이다. 만약 그때 주변의 권유에 따라, 단순히 매출을 위해 양을 줄이거나 가격을 낮췄다면 지금의 본죽은 없었을 것이다. 처음 정한 원칙을 끝까지 밀고 나가는 뚝심이 주효했다.

물론 이러한 나 역시 흔들린 원칙이 있다. 바로 영업시간에 관한 것이다. 대학로 본점의 영업시간은 아침 8시에서 저녁 9시까지였다. 본점은 다른 가맹점들과는 달리 서울대병원에서 3교대를 마치고 나오는 의사나 간호사, 그리고 환자들을 위해서 아침에 영업을 일찍 시작하는 편이다.

그러나 처음에는 영업시간을 지키는 일이 절대 쉽지가 않았다. 아침 8시에 문을 여는 것은 항상 일정했지만, 문제는 문을 닫는 시간이었다.

주변에 상권이 발달해 있다 보니 술을 마시고 늦은 시간에 죽을

정성

본죽
김철호 대표의
기본이 만들어낸
성공 레시피

드시러 오시는 손님들이 종종 있었다. 술에 취한 손님들은 대개 시간관념이 없기 때문에 영업시간이 한참 지났는데도 일어설 줄을 모르는 경우가 많았고, 연인들이 손님으로 들어온 경우에도 대개 같은 현상이 벌어지곤 했다.

나는 이전에 음식점 창업컨설팅을 할 때 정확하게 원칙을 가지고 영업시간을 준수하라고 사람들에게 강조했었다. 그것이 본인에게도 좋고 결국은 고객들에게도 좋은 일이라고 수없이 강조했다. 그러나 막상 내 가게에서는 그것이 제대로 지켜지지가 않았다.

무엇보다도 손님들에게 영업시간이 끝났으니 그만 자리를 정리해달라고 요구하지 못했다. 그것이 꼭 손님을 내쫓는 것만 같았고, 또 그렇게 하면 다시는 우리 가게에 오지 않을 것만 같았다. 그래서 그저 손님들이 알아서 자리를 정리하고 일어설 때까지 무작정 기다리는 상황이 되풀이됐다.

그러다 보니 늦어도 10시면 가게를 정리해야 하는데, 12시가 되고 새벽 1시가 되어도 손님들이 나가기만을 기다리는 경우가 많아졌다. 집에 돌아가서 씻고 정리를 하면 새벽 2, 3시가 되는 날이 허다했다. 그래도 아침 영업시간은 지켜야 했기에 아침 7시에 맞춰 출근하는 일을 반복하다 보니 자연히 잠이 부족하고 피로가 쌓여갔다.

그러면서 '분명히 이건 아니다'라는 생각이 들었다. 다른 사람들에게는 영업시간을 정확하게 준수하라고 강조하면서 정작 나는 그것을 실천하지 못한다면 말이 안 되지 않는가.

무엇이 문제인가를 곰곰이 생각해보았다. 결국 '한 그릇이라도 더 팔겠다'는 욕심이 원인이었다. 영업시간이 다 되었다고 손님에게 말할 수 없다는 것은 자신을 속이기 위한 핑계에 불과했다. 사실은 '한 사람의 손님이라도 놓치면 안 된다' '그 손님이 이제 다시 안 오면 어떡하나?'라는 불안감 때문에 스스로 악순환을 만들고 있는 셈이었다.

영업시간이 들쭉날쭉하면 손님에게도 불편을 가져온다. 항상 피곤함에 지친 모습으로 음식점을 운영하다 보면 결국 음식의 맛과 서비스를 기대하고 찾아온 손님에게 피해를 주기 때문이다. 다른 음식점 사장님들에게 수없이 강조한 것임에도, 정작 내 가게에서 그러한 욕심을 버리고 영업시간을 정확하게 지키기까지는 두 달이라는 시간이 걸렸다.

본죽을 운영하면서 어렵지만 지키기 힘들었던 많은 원칙들, 그것이 훗날 본죽을 본죽답게 만드는 바탕이 되었다.

정성
—
본죽
김철호 대표의
기본이 만들어낸
성공 레시피

전국 어디에서 만들어도 맛은 하나다

사람들은 '본죽'이라고 쓰인 '간판'을 보고 가게에 들어온다. 그리고 손님이 들어선 그곳이 전국의 모든 가맹점을 대표하는 자리가 된다. 그렇기에 일관된 브랜드 이미지를 유지하고 똑같은 맛과 서비스로 손님을 대하는 것은 매우 중요한 일이다.

그래서 나는 철저하게 창업교육 과정에서 배운 그대로 음식을 조리하라고 요구한다. 전국 모든 가맹점에서 맛보는 음식 맛이 한결같아야 하는 것이다. 그런데 간혹 자신의 가맹점이 맛으로는 최고라며 자부심을 느끼는 사장님들이 있다. 하지만 그러한 자부심이 지나쳐 배운 그대로 조리하지 않고 다른 개인만의 방식을 취할 때 문제가 생긴다.

고객은 어떤 가맹점에서 먹어도 항상 맛이 똑같기를 원한다. 하지만 가맹점 사장은 자기 점포가 제일 맛있다는 소리를 듣기 원한다. 고객은 처음 맛있게 먹었던 가맹점의 음식이 제일 맛있다고 생각하고 그 맛을 기대한다. 하지만 가맹점 사장은 그러한 기억을 갖고 있는 고객의 입맛이 잘못되었다고 생각한다.

고객은 언제 어떤 가맹점을 가든 항상 자기가 원하는 메뉴와 맛이 보장되기를 바란다. 하지만 가맹점 사장은 늘 무엇인가 새로운 메뉴를 선보이고 고객에게 자신의 죽맛이 최고라는 소리를 기대한다. 가맹점과 고객 사이에는 이처럼 입장 차이가 있다.

세상에는 참으로 많은 종류의 음식점이 있지만, 고객들의 입맛은 그보다도 더 다양하고 오묘하다. 어떤 사람에게는 맛있는 음식이 다른 사람에게는 맛없게 느껴지는 경우도 있고, 맛있다는 소문이 자자하여 찾아간 음식점에서 실망하고 나오는 경우도 있다. 그래서 사람들은 단골 음식점을 자주 찾는다. '그 음식점만의 그 맛'을 보기 위해서다.

정성
—
본죽
김철호 대표의
기본이 만들어낸
성공 레시피

나는 사업을 하면서 분쟁을 좋아하지 않는다. 하지만 내가 다툼도 불사하는 일이 바로 가맹점에서 본사가 정한 고유의 맛과 원칙을 변질시킬 때다. 그러면 최악의 경우 법정 다툼으로 번지기도 한다. 그렇게 불화를 겪은 가맹점 중에서 지금까지 몇 개의 가맹점이 간판을 내리기도 했다. 어떤 가맹점은 자신만의 맛을 믿고 독자적인 체인사업을 시작한 적도 있었지만 그들이 가맹점을 늘려가며 번창하는 경우는 보지 못했다.

어느 가맹점에서나 '한결같은 맛을 보장하는 것'이 중요한 이유는, 체인사업을 시작한 뒤로 승승장구하던 브랜드들이 한순간에 고객에게 외면당하는 현실에서도 분명히 알 수 있다.

전국 어디서나 본죽 간판을 보고 망설임 없이 문을 열고 들어설 수 있다는 것은 한결같은 맛과 서비스에 대한 믿음에서 비롯된다. 이것이 브랜드에 대한 고객의 믿음이며 이것이야말로 체인 시스템이 갖는 가장 큰 장점이다. 가맹점마다 서로 다른 메뉴와 맛으로 영업을 한다면 브랜드에 대한 신뢰와 경쟁력을 떨어뜨리는 결과만 초래할 뿐이다.

본죽의 경우에는 전국에서 가맹점 운영을 제일 잘하는 곳은 바로 대학로 본점과 똑같이 하는 곳이다. 바로 본사에서 교육받은 그대로 죽을 만들고 서비스를 하는 것이 제일 맛을 잘 내고 운영을 잘하는 것이다.

    특출한 하나의 가맹점보다는 모든 가맹점이 신뢰를 잃지 않고, 어느 가맹점에서나 똑같은 맛을 내는 것이 중요하다. 가장 쉬운 일 같으면서도 가장 지키기 어려운 원칙, 그것이 바로 이러한 통일성과 동일성을 지키는 것이다.

정성
—
본죽
김철호 대표의
기본이 만들어낸
성공 레시피

퍼줘도 망하지 않는다

음식은 상품이 아니다.

이렇게 말하면 수많은 사람들이 이의를 제기할지도 모르겠다. "아니 돈 벌자고 하는 장사인데 어떻게 상품이 아닐 수 있나. 무슨 자선사업 합니까?" 하고 말이다.

하지만 나는 음식이 상품이라는 생각, 원가를 새고 따지며 음식 자체에서 수고와 비용을 덜어내려는 생각에 철저히 반대한다. 이는 음식에 대한 나의 기본적인 가치관에서 비롯된 것이다. 음식이란 '넉넉하고 푸근한 것, 절대 먹고 나서 서운한 감이 없는 것'이라는 생각이 강하기 때문이다.

어릴 적부터 어머니께 이렇게 들으며 자랐기에 영향을 받은 것이기도 하겠지만, 다른 상품과 달리 음식이 갖는 이런 정서적 측면이 우리나라 사람들에게는 특히 더 강하게 작용하지 않나 생각한다.

어느 고깃집의 주방장이 주인이 너무 미운 나머지 '이 가게 망해버려라!' 하는 마음으로 손님들에게 고기를 듬뿍듬뿍 내줬다가 오히려 그 가게에 손님이 배로 늘어나 장사가 더 잘됐다는 이야기가 있다. 이는 음식장사의 가장 본질적인 일면을 보여주는 사례가 아닐까 싶다.

사업을 자선사업처럼 하라는 소리가 아니다. 들고 나는 수 개념을 명확히 따지되 음식 자체에 드는 원가와 품질 만큼은 절대 손대지 않고 철저히 고수해야 한다는 것이다.

이러한 생각을 유혹이 많은 영업 현장에서 지켜내려면 기본적으로 주인에게는 고객이 음식을 배불리 먹고 맛있게 먹는 것을 기뻐하는 품성이 있어야 한다.

'고객이 계산하면서 돈이 아깝다는 생각이 절대로 들지 않도록 하라.'

정성
—
본죽
김철호 대표의
기본이 만들어낸
성공 레시피

3부
—
기본
경영의
힘

이것은 대학로에 본죽 본점을 시작할 때부터 지켜온 나의 원칙이다. 이를 꾸준히 지켜나가며 가맹점 사업을 시작할 때도 이 부분을 가장 중요하게 강조했기에 본죽은 여전히 '양 많이 주는 푸짐한 곳'으로 인식되어 있다.

그렇다고 해서 무조건 양만 많이 준다는 것은 아니다. 본죽의 경우에는 정해진 양을 지키는 것을 기준으로 하면 된다. 본죽은 처음부터 환자가 아닌 일반 성인이 한 끼 식사로 충분할 정도의 양을 기준으로 삼아 만들어졌다. 그러나 일반인들이 작은 그릇에 덜어 파는 기존의 죽에 대한 고정관념이나 환자가 식사하는 양이라는 것을 떠올리기 때문에 양이 너무 많다고 생각하는 것이다.

물론 본죽은 젊은이도 충분할 정도의 양을 기준으로 하기 때문에 양이 많은 것은 사실이다. 그렇지만 어떠한 경우에도 한 끼 식사로 모자란 것보다는 조금 남는 것이 더 좋다. 부족함은 서운함으로 이어지지만 남는 것은 미리 나누어서 포장해가면 그것 또한 고객에 대한 서비스이기 때문이다.

나는 외식컨설팅을 하면서 크게 성공하는 음식점 사장님과 그 반대의 사장님을 만날 수 있었다. 나에게는 외식사업을 하면서 정말 소중한 경험을 하는 기회였다. 내가 그때 그분들을 통해서 깨달은 것이 있다.

음식점은 못 팔아서 망하는 것이지, 고객이 너무 많이 먹어서 망하는 경우는 없다.

또한 음식점은 아무리 좋은 식재료를 쓴다고 해도 좀 적게 남을 수는 있어도 전혀 남는 것이 없어서 망하진 않는다는 것이다. 성공하는 음식점 사장님들은 모두 좋은 식재료에 대한 불통에 가까운 고집과 양에 대해서 넉넉한 마음을 가진 사람들이었다.

'어떠한 경우에도 고객에게 인색하다는 인상을 남기지 않도록 하라.'

'음식의 재료와 양에서 돈을 더 남기려고 하지 마라.'

조금 더 남기기 위하여 양을 줄이고 원재료의 품질을 소홀히 하지 않는다. 이것이 내가 외식사업을 하는 기본원칙이다.

이 두 가지 원칙은 어떤 음식을 만드는 사람이건, 다 적용되리라 생각한다. 퍼줘도 망하지 않는다는 진리. 그것을 자신이 몸소 깨달을 만큼 제대로 성공하려면, 위와 같은 두 가지 원칙에 대한 믿음과 실천이 반드시 필요하다.

정성
—
본죽
김철호 대표의
기본이 만들어낸
성공 레시피

오직 한 사람을 위한 음식 만들기

본죽은 어떠한 경우에도 한꺼번에 만들어놓고 팔지 않는다. 본죽 가맹점에서 판매하는 모든 죽은 주문과 동시에 조리에 들어가는 즉석 맞춤죽이다. 그렇게 하는 것이 정말 어려운 일인 것은 사실이지만 그것이 바로 맛과 위생을 보장할 수 있는 최고의 방법이기 때문이다. 이러한 원칙을 고수하기가 가장 어려운 메뉴가 바로 죽이지만 본죽은 이 원칙을 고수하고 있다.

예전에 죽을 팔던 음식점들은 아침에 한꺼번에 죽을 많이 쑤어놓고 보온통에 보관하고 있다가 손님이 오면 그릇에 담아 내놓는 방식으로 죽을 팔았다. 하지만 본죽에서는 미리 죽을 쑤어놓고 팔지 않는다.

전국 어느 가맹점에서도 미리 죽을 만들어놓고 파는 곳은 단 한 곳도 없다. 손님이 주문하면, 그때부터 죽을 쑤기 시작한다. 그래야만 손님 한 사람 한 사람의 기호나 취향에 맞춘 죽을 만들 수 있다.

그래서 주문한 죽이 손님의 식탁에 놓이기까지는 대략 10분에서 15분 정도 걸린다. 다른 음식점에 비해서는 늦은 편이지만, 죽이라는 것을 감안하면 상당히 빠른 시간이다. 죽을 쑤어본 경험이 있는 아주머니나 나이 드신 손님들은 어떻게 죽을 이렇게 빨리 쑬 수 있느냐며 놀라워한다. '혹시 미리 쑤어놓고 파는 것은 아닐까?' 하고 의심하는 사람들은 대부분 직접 죽을 쑤어본 경험이 있는 고객들이다.

사실 기존의 죽집들이 크게 성장하지 못한 것도 바로 이 점 때문이다. 까다로운 죽의 조리과정상 한 사람 한 사람의 기호와 요구에 맞춘 죽을, 그것도 제때에 끓여내기란 거의 불가능했다. 그렇다. 죽은 특성상 불기 쉽고, 조금만 주의가 부족하면 간과 농도가 떨어진다. 한마디로 여간 까다로운 음식이 아니다. 나 역시 직접 부딪치고

정성
—
본죽
김철호 대표의
기본이 만들어낸
성공 레시피

보니 죽이 왜 이제껏 상품화되지 못했는지 절감할 수 있었다.

하지만 앞에서도 언급한 죽의 계량화를 연구하면서 이 과제를 해결하고 맛있는 죽을 개발하게 되었다. 본죽만의 조리법이 개발되면서 비로소 한 사람 한 사람에게 맞춤죽을 제공할 수 있게 된 것이다. 또한 언제나 누구의 손을 거치더라도 걸쭉하면서 간과 농도가 잘 맞는 똑같은 맛의 죽을 제공할 수 있게 되었다.

비단 죽뿐만 아니라, 모든 메뉴는 계량화를 거친 다음에는 손님들에게 맞춘 일대일 조리가 가능하도록 체계를 갖추었다. 손님들이 음식점에 적혀 있는 메뉴 하나를 고를 때도 소스나 양 등을 적절히 조절할 수 있게 한 것이다.

특히 환자나 어린아이가 먹을 죽이라면, 그 요구사항은 더욱 다양하고 구체적이다. 무엇은 싫어하니까 넣지 말고, 무엇은 꼭 넣어주고, 의사 처방에 따라 무엇은 줄이거나 많이 넣어달라는 식이다. 이런 다양한 요구를 충족시킬 수 있다는 것은, 음식을 제공하는 사람 입장에서도 무척 보람된 일이 아닐 수 없다.

사실 번거롭고 손이 많이 가는 조리과정을 지켜본 사람들은 다른 죽 전문점이나 시중의 일반 제품처럼 공장에서 반제품을 만들어 공급하면 일이 훨씬 쉬워질 거라고 조언한다.

물론 그렇게 하면 편리하다는 것은 알고 있다. 하지만 편리함만을 쫓아 반제품을 공급한다면, 일은 수월해지는 대신 가장 중요한 본죽 고유의 색깔과 경쟁력을 잃게 될 것이다. 그것은 곧 전부를 잃는 것과 같다.

요즘같이 바쁜 시대에, 신속성은 어느 상황에서나 매우 중요한 가치가 되었다. 이처럼 변해가는 사회현상을 나라고 모르는 것은 아니다. 하지만 신속성이 가장 중요한 최우선의 가치가 되어서는 안 된다는 점을 다시 한번 강조하고 싶다.

음식장사에서는 일단 음식의 완성도부터 고민하면서 부족한 신속성을 보강할 대안을 찾는 것이 가장 현명한 방법이다.

정성
—
본죽
김철호 대표의
기본이 만들어낸
성공 레시피

여성을 위해 요리하라

　모든 사람에게 똑같이 적용되는 것은 아니겠지만, 대부분의 경우 남자와 여자의 식사에 대한 인식은 꽤 차이가 나는 편이다. 남자의 경우, 식사를 '한 끼 때우는 일' 정도로 생각하는 경우가 많지만, 여자는 '그 시간을 즐기는 일'로 여기기 때문이다.

　그래서일까. 남자들은 같은 메뉴로 통일해 각자 한 그릇씩 먹는 일이 대부분이지만, 여자들은 여러 메뉴를 다양하게 주문한 후 앞접시를 놓고 서로 나눠 먹고 자기들만의 평가를 하며 식사를 즐기는 경우가 많다.

이처럼 똑같은 식사를 할 때도 성별에 따른 차이가 확연하다. 일반적으로 여성들이 남성들보다 맛에 훨씬 더 민감하다. 민감하다는 것은 그만큼 까다롭다는 뜻이기도 하다. 까다로운 대신에 한번 자신의 입맛을 만족시킨 음식점에 대해서는 깊은 신뢰를 갖는다. 입소문이 여성들에 의해 퍼지는 것도 바로 이런 이유 때문이다.

똑같아 보이는 음식도 먹는 사람에 따라 느끼는 맛이 다 다른데, 이때 결정적으로 평가를 좌우하는 사람은 여성인 경우가 많았다. 소위 말하는 구매결정권이 여성에게 있는 것이다. 나는 이 점을 음식점 창업 컨설팅을 하면서 알게 되었고 현장에서도 여지없이 이를 강조했다.

본죽을 시작할 때 나는 주요 고객을 젊은 층, 그중에서도 특히 젊은 여성으로 정했다. 사람들에게 외면 받는 음식인 죽을 파는 것으로도 부족해서 가장 까다로우면서도 세련된 입맛을 가진 젊은 여성들을 주요 고객으로 유치하겠다고 나서니 주변의 반응은 회의적이었다. 하지만 건강과 미용에 적극적인 젊은 여성이야말로 죽과 가장 잘 맞아떨어진다고 판단했다.

남성들은 입맛에 있어서는 보수적이다. 길들여지지 않은 음식이

정성
—
본죽
김철호 대표의
기본이 만들어낸
성공 레시피

나 낯선 음식에는 쉽사리 손을 대지 않는 편이다. 하지만 여성들은 대체로 새로운 음식이 소개되면 누구보다 빨리 맛보는 것을 좋아한다. 국내에 소개되어 성공적으로 정착한 음식들은 하나같이 여성의 입맛을 공략해 성공한 것들이다.

새로운 음식에 적극적인 여성의 입맛은 신세대들의 입맛과도 통한다. 따라서 여성의 입맛을 만족시키는 것은 신세대의 입맛을 만족시키는 것과 같다고 볼 수 있다. 또 신세대의 입맛은 글로벌적인 특징을 갖고 있다. 요컨대 여성의 입맛은 곧 신세대의 입맛이고, 신세대가 만족하는 맛은 해외에서도 통할 수 있다는 뜻이다. 본죽이 여성의 입맛에 초점을 맞춘 것은 바로 이런 이유 때문이었다.

사실, 보통 죽 맛은 밋밋하다. 지금까지의 죽 맛은 그랬다. 그래서 죽을 개발할 때 역점을 둔 것이 바로 자꾸자꾸 먹고 싶은 생각이 들게 하는 바로 그 '맛'이었다. 일반적으로 알고 있는 죽 맛에 대한 고정관념을 무너뜨려야 죽 전문점으로 성공할 수 있다고 생각했다.

그래서 '여성의 입맛을 만족시킬 수 있는 맛있는 죽', 이것을 목표로 삼고 맛 개발을 위해 노력했다. 그리고 다행히 고생한 만큼 보람과 수확도 컸다. 이렇게 개발한 본죽의 죽 맛은 기존의 다른 죽들과는 확실하게 차별화되었던 것이다.

한편, '죽' 하면 떠오르는 전통적인 기본 메뉴들 외에도, 처음 목표대로 젊은 층을 주요 고객으로 확보하기 위해서는 이들이 좋아할 만한 새로운 메뉴의 개발이 뒤따라야 했다. 처음에 해물죽, 버섯굴죽, 새우죽, 쇠고기버섯죽, 참치죽, 야채죽, 삼계죽 등 영양맛죽을 개발한 것이 바로 그런 이유에서였다.

그 당시로서는 15가지나 되는 다양한 죽을 선보이는 것은 정말 획기적인 것이었다. 이후 해장에 좋은 매콤하면서도 개운한 낙지김치죽과 수험생을 위한 불낙죽 등을 개발해 선보이면서 지금은 죽을 즐기는 층을 확대하고 대중적인 메뉴로 자리 잡았다.

여성을 위해 요리하라. 그것은 결국 여성만이 아닌 모든 고객을 사로잡는 가장 중요한 방법이다. 본죽의 경우 처음에 여성들이 좋아하는 맛과 인테리어, 서비스를 만들어낸 것이 고객에게 인정을 받고 점차 고객층을 넓히며 본죽이 성공하게 된 큰 계기가 되었다.

정성

본죽
김철호 대표의
기본이 만들어낸
성공 레시피

가슴으로 직원을 대하라

"제가 오늘까지 본죽에서 일할 수 있었던 것은 믿음이 있었기 때문입니다. 지금은 본 브랜드를 맡고 계시는 최 소장님과 대학로 본점에서 같이 일할 때였습니다. 삼계죽을 끓이는데 저는 무심코 인삼의 잔뿌리를 잘라내고 죽을 끓였습니다.

그런데 뒤늦게 주방으로 들어온 소장님이 삼세죽의 맛을 제대로 내기 위해서는 잔뿌리가 들어가야 한다며 잔뿌리들을 일일이 다시 깨끗하게 손질해서 삼계죽에 넣는 겁니다. 그 모습을 보면서 '이 사람들은 절대 남을 속이거나 배신할 사람들이 아니구나' 하고 깨달았습니다.

말로만 정성을 외치는 것이 아니라 실제로 실천하는 분들이셨습니다. 저는 이제 본죽을 떠나지만 남아 있는 여러분은 그 정신을 끝까지 잊지 말았으면 합니다. 그래야 우리 본죽이 계속해서 발전해나갈 수 있습니다."

대학로 연건동 본죽 1호점 때부터 고락을 같이했던 박기순 명예실장님의 퇴임식 인사말은 나를 비롯해 수많은 임직원의 마음에 작은 울림을 주었다. 각박한 세상인심을 상대로 사업한다는 것은 어찌 보면 여우같은 전략보다 곰 같은 마음이 있기에 가능한 일 아닐까. 내부의 직원들이 더욱 똘똘 뭉쳐야만 고객 만족을 위한 과정에서 겪는 많은 어려움을 극복할 수 있다.

박기순 실장님은 떠나면서 우리에게 '믿음'이란 단어의 의미를 되새기게 해주었다. 사장과 직원 간의 믿음, 어찌 보면 음식점과 고객 사이의 믿음보다 더 근본이 되는 이 믿음은 서로가 서로를 말로만 챙겨서는 생길 수 없는 끈끈한 유대감 같은 것이다.

하지만 사실 제 식구에게 무심한 사람들이 많듯, 직원들을 제대

정성
—
본죽
김철호 대표의
기본이 만들어낸
성공 레시피

로 챙기고 그들에게 신뢰를 얻기란 쉽지 않다. 단지 '내가 부리는 사람'이라는 관점에서 그들을 대하면 결국 나를 떠나게 됨을 항상 잊지 말아야 한다.

가맹점의 경우, 그런 차원에서 볼 때 가장 어려움을 겪는 부분이 바로 인력관리다. 특히 주방에서 일하는 아주머니들은 이직과 결근이 잦아 매장 운영에 예상치 못한 어려움을 겪을 때가 있다. 하지만 나는 함께 일하기를 거부하고 떠나는 사람들의 생각을 따져보기 전에 과연 자신이 인력관리를 제대로 하고 있는지부터 되돌아봐야 한다고 생각한다.

잘되면 자신 탓, 못되면 남의 탓을 하는 사람들이 있다. 음식점이 잘되면 사장인 자신이 잘해서이고, 운영이 시원찮으면 직원들이 잘못해서 그런 것으로 생각하기 쉽다.

이때부터 문제가 발생한다. 그런 생각을 품기 시작하면 어느 순간부터 자기주장이 강해지고, 남의 말에 귀 기울이지 않게 된다. 사장과 직원 간에 의사소통이 단절돼버리는 것이다. 그런 상태에서는 서로에게 마음의 문을 열 리가 없다.

나는 가맹점 사장님들에게 늘 이 말을 강조한다.

"세상에 죽 쑤는 것이 취미여서, 매일같이 출근해 온종일 죽만 쑤는 사람은 없습니다."

입장을 바꿔 생각하면 분명해진다. 돈이 필요해서 일하는 것이지, 취미 삼아 즐기기 위해서 일하는 사람은 없다. 말로만 '가족처럼'을 수백 번 외치는 것보다 작은 관심과 배려를 표현해야 진짜 가족과 같은 끈끈한 유대관계를 만들 수 있다.

마음에서 우러나온 정성과 실천이 따르지 않으면 직원들은 사장을 그저 '말만 번지르르한 사람'이라고 생각할 수밖에 없다. 그런 상태에서 '제 일처럼' 헌신적으로 일할 사람은 아무도 없다.

주방인력을 잘 관리하려면 무엇보다 '주방 식구들'에게 인심을 얻어야 한다. '대접을 받으려면 먼저 대접해야 하는 것'이다. 급여의 경우에도 비록 적은 액수지만, 주변 다른 음식점보다 조금 더 많이 주려고 애써야 한다. 단돈 5만 원, 10만 원이라도 조금 더 주려고 애쓰는 것이 중요하다.

또, 주방에서 일하는 직원이나 그 자녀들의 경조사에는 조그마한 성의라도 표시하는 마음 씀씀이가 필요하다. 명절에는 직원 자녀의 운동화를 사준다거나, 노동절과 크리스마스 때 어떤 식으로든 성의를 표시하는 것, 또 특별히 장사가 잘돼서 바빴던 날에는 차비라도 챙겨 보내는 것을 잊지 말아야 한다. 어떤 경우에도 중요한 것은 '마음'이다.

또한 어떤 성의를 표시하거나 성과급을 줄 때는, 눈에 띄는 성과

> 정성
> ―
> 본죽
> 김철호 대표의
> 기본이 만들어낸
> 성공 레시피

가 있을 때 그 즉시 바로 지급해야 한다. 옛말에도 사람은 받을 때보다 줄 때 잘 주어야 한다고 하지 않던가. 똑같은 액수를 지급하더라도 인심을 잃는 사람이 있는 반면 상대방이 감동을 느껴 감사한 마음을 되돌려주는 경우가 있다.

이는 성의를 전달하는 방법의 차이 때문이다. 돈이라는 것이 사람의 인생에 있어 참 중요한 존재이면서도 서로 예민하게 만드는 부분이 있기에 자칫 상대의 자존심에 상처를 입히지 않도록 주의해야 한다.

직원들의 근무시간도 세심하게 신경 써야 한다. 보통 음식점에서는 모든 직원이 똑같은 시간에 출근해서 똑같은 시간에 퇴근한다. 하지만 이렇게 운영하다 보면 직원 개개인의 특성이나 포지션에 따라 심한 피로를 느낄 수도 있다.

이럴 때 아침에 일찍 출근하는 직원이 조금 더 일찍 퇴근하게 하고, 늦게 출근하는 직원이 마지막에 남아서 정리를 하고 퇴근하도록 하면 개개인 간의 정도가 다른 피로의 양을 효율적으로 줄일 수 있다. 직원들의 근무시간을 배려하는 것은 일이 손에 익은 직원이 피로를 견디지 못하고 이직하는 것을 막기 위해서도 중요하다.

"내부 고객에게 잘해야 합니다. 내부 고객이란 우리와 함께 일하는 사람들입니다. 그분들이 만족해야 맛 좋은 음식을 제공할 수 있고, 손님들도 만족을 얻을 수 있습니다."

아내가 현장에서 가맹점 사장님을 교육했을 때 늘 강조하는 말이다. 어찌 보면 그들 역시 우리의 고객이다. 가장 가까이 있는 사람 하나 만족시키지 못하고, 믿음을 얻지 못하면서 손님들의 만족과 인정을 받겠다는 것은 어불성설이 아닐까.

정성
—
본죽
김철호 대표의
기본이 만들어낸
성공 레시피

준비 없이 되는 일은 아무것도 없다

　개업 준비를 하다 보면, 개업을 하기도 전에 매장을 찾는 고객을 만날 수 있다. 밖에서 보면 간판과 인테리어도 완벽하고 주방 안에서 사람들이 바쁘게 움직이는 모습이 보이니 영업을 시작한 것으로 착각하는 것이다.

　그러니 어떤 경우에도 개업을 위한 최종 점검을 마치기 전에는, 고객이 괜찮다고 하더라도 단 한 그릇의 음식도 팔아서는 안 된다.

처음 본 맛으로 그 집 음식의 전부를 평가하게 되는 것이 바로 사람들의 입맛이다.

가족이나 친척, 가까운 주변 사람들에게도 완벽한 준비가 되지 않은 상태에서는 절대로 음식을 내놓지 말라고 강조한다. 빨리 맛보게 하고픈 마음에 섣불리 음식을 내놓게 되고 결국 가까운 주변 사람이 그 맛에 실망하게 된다면, 난생처음 보는 손님들을 감동시키겠다는 자신감은 사라지고 말 것이다.

가맹점의 개업일이 정해지고, 초청장까지 돌렸다고 해도 막상 본사의 기준에서 볼 때 준비가 미흡하다면 개업을 할 수 없다. 음식점은 옷이나 전자제품 등을 취급하는 가게처럼 이미 다 만들어진 상품을 전시해놓고 파는 곳이 아니다. 고객의 주문을 받은 뒤에야 비로소 즉석에서 음식을 만들게 된다. 따라서 주방의 역할이 가장 중요하며, 무엇보다도 주방에서 제대로 된 음식이 나오려면 재료 준비에 철저해야 한다.

정해진 날짜에 개업하기 급급한 나머지, 준비가 철저하지 않은 상태에서 무리하게 개업을 하는 음식점들도 많다. 그런 곳은 대개 음식 재료를 준비하는 데 시간을 충분히 들이지 못한 데다 최종 리허설도 제대로 해보지 못한다.

이런 경우, 화려한 오픈 이벤트 등 겉모양은 그럴싸하지만 정작

정성
—
본죽
김철호 대표의
기본이 만들어낸
성공 레시피

3부 — 기본 경영의 힘

개업한 첫날에 매장을 찾았던 고객들에게 바로 외면당하는 수가 많다. 북새통 같은 분위기에 음식은 형편없고 서비스도 소홀하면 그곳을 다시 찾을 고객은 없다.

일단 개업부터 하고 장사를 하면서 부족한 점을 개선해나가는 식의 영업은 절대 있을 수 없다. 음식점의 개업은 '언제'가 아니라 '어떻게' 하느냐가 중요하기 때문이다. 그래서 가맹점이 오픈을 앞두고 있을 때 본사에서는 철저하고 깐깐한 최종점검을 시행한다.

개업 준비는 사장이 직접 담당하고 지휘해봐야 실제로 자신의 가게에 무엇이 필요하고 무엇을 개선해야 하는지 구체적으로 알 수 있다. 또한 어떤 직원을 채용하더라도 본인이 직접 정확하게 일을 지시할 수 있다.

개업을 앞둔 음식점은 직원채용이 매우 중요한데, 채용에 앞서 사전에 일의 내용과 성격, 특히 가게의 원칙을 들려주고 동의를 구하는 절차가 필요하다. 그런데 이런 부분을 제대로 설명해줄 준비가 되어 있지 않으면 이후에 직원문제로 생각하지 못한 어려움을 겪게 될 수도 있다.

죽이나 쑤는 집이 뭐 그리 힘들겠냐 하고 쉽게 생각하고 입사한 직원들이 사전에 제대로 설명을 듣지 못한 채 일을 시작했다가 깐깐한 조리과정과 정성이 들어간 노력에 적응하지 못하고 바로 나가게 되기 때문이다.

무엇보다 음식 재료를 준비하는 과정을 다른 직원을 시키지 않고 교육을 받은 가맹점 사장이 직접 하도록 한다. 청소와 비품 정리, 숟가락과 젓가락 정리, 냄비 삶기 등의 일도 개업 전에 미리 해둔다. 새로 들여온 그릇과 주방 집기들을 일일이 삶고 소독하여 신제품에 혹시라도 있을지 모를 냄새와 이물질 등을 철저하게 제거하고 정돈하는 것이다.

모든 준비가 끝나면, 본사의 최종점검을 받게 된다. 점검 시 결격사유가 나와 개업이 연기되는 사례도 있었기에 점검을 나가면 개업도 하지 않은 가게지만 개업 당일 못지않은 긴장감이 감돈다.

실제로 개업을 앞두고 계약해지 직전까지 간 경우도 있었다. 점검을 나가보니 가맹점 사장이 교육과정에서 배운 방법과 다르게 죽을 만들고 있었던 것이다. 그 가맹점 사장은 이전에 음식점에서 일한 경험이 있었고, 죽 전문점에서도 일해본 경력이 있었다. 우리는 본사의 원칙과 다르게 음식이 조리되는 것을 보고 한마디로 잘라 말했다.

"배운 원칙대로 해주세요. 그렇지 않으면 본죽 간판을 내리겠습니다."

정성

본죽
김철호 대표의
기본이 만들어낸
성공 레시피

이처럼 개업 점검은 결코 형식적으로 진행되지 않는다. 배운 그대로 음식을 만들고 서비스를 할 수 있는지 마지막 자격시험을 치르는 것이다. 재료의 모든 점검을 마친 후, 실제 상황을 연출해 주문에서 죽이 나오는 시간까지 체크한다. 정해진 시간을 어기면 불합격인 것이다.

실습점검이 끝나면, 여러 메뉴가 한꺼번에 주문이 들어왔을 때, 먼저 조리해야 할 것과 나중에 조리해야 할 것을 결정하는 법을 설명하고, 주문한 음식이 똑같은 시간에 나갈 수 있도록 조리하는 법을 가르쳐준다.

지금은 교육과정도 3주로 늘었고 전문화된 담당 직원들이 이 과정들을 대신하고 있지만 그 창업 초기 아내가 하던 그 정신과 마음가짐은 그대로 유지되기 위해서 노력하고 있다.

품위 있게 카운터에만 앉아 있겠다는 심산으로, 가게의 사정을 제대로 파악하지 않고 사업을 시작한 사람은 곧 망하게 된다. 사장이 주방에 자주 들어가야 그곳에서 많은 것을 배울 수 있고 문제점을 바로바로 파악할 수 있기 때문이다.

이 세상에 준비 없이 되는 일은 아무것도 없다. 제대로 준비되지 않은 일은 시작하지 않느니만 못한 결과를 불러올 수 있음을 기억하자.

그 브랜드이기에 믿고
선택하는 수많은 고객들,
그들을 위해 브랜드는
더욱. 정직해야. 한다.

처음에는 있었지만 그때에는 없었던 것

지금의 본아이에프(주)는 본죽, 본죽&비빔밥cafe, 본도시락, 본설렁탕, 본우리반상의 브랜드로 전국에 1,800개가 훨씬 넘는 가맹점을 운영하며 한식을 대표하는 브랜드로 프랜차이즈 사업을 전개하고 있다.

또한 순수본(주)를 통하여 이유식 및 유동식 제품을 직접 생산하여 판매하고, 본푸드서비스(주)를 통하여 단체급식 시장에도 진출하여 활발한 성과를 내고 있으니 짧은 시간에 많은 성장을 한 것은 분명한 일이다.

그러나 그 과정에서 모든 것이 순조롭게 진행되고 개발하는 브랜드가 다 성공한 것은 아니었다. 한식을 체계화하고 브랜드화하여 프랜차이즈 사업을 전개한다는 목표를 세우고 야심차게 도전을 했지만 국수, 순대 등의 아이템은 실패였다. 그것도 많은 시간과 막대한 비용을 지불하고 실패한 그야말로 처절한 실패였다.

나는 국수란 아이템을 정하고 '본국수대청'이란 브랜드로 사업을 시작하면서 분명히 성공할 것이라는 확신을 가지고 있었다. 그리고 일본의 우동, 이탈리아의 스파게티처럼 본국수대청을 한국을 대표하는 고급 국수브랜드로 키우겠다는 야심찬 포부를 가지고 시작했었다.

순대 또한 마찬가지였다. 순대는 내가 좋아하는 음식일 뿐 아니라 아주 대중적인 음식이어서 순대를 새롭게 해석하고 문제점을 보완한다면 분명히 성공할 것이라는 확신이 있었다. 그러나 결과는 참담한 실패였다.

왜 그랬을까? 나는 현실에 나타난 결과를 인정하기 싫었지만 실패를 인정하고 나를 솔직하게 돌아보아야 했다. 분명히 자금도 있고

정성
—
본죽
김철호 대표의
기본이 만들어낸
성공 레시피

3부 — 기본 경영의 힘

전문가도 있으며 모든 여건이 본죽을 처음 시작할 때보다도 월등하게 좋은데 왜 실패란 결과를 초래하였는가? 무엇이 부족하고 무엇이 잘못되어 실패할 수밖에 없었는가?

모든 실패의 원인은 외부 요인이 아닌 바로 나 자신에게 있었다. 본죽을 처음 시작 할 때보다 모든 여건이 좋아지고 풍부해졌지만 지금까지 오는 과정에서 하나 빠진 것이 있었다. 바로 '절박함', '간절함'이었다.

앞에서 고백한 것처럼 나는 본죽을 시작할 때 여기서 더는 망해서는 안 된다는 절박함과 꼭 성공해야 한다는 간절함으로 사업을 시작했다. 그리고 그 절박함과 간절함이 어려움을 극복하고 앞으로 나아가게 끊임없이 나를 일으켜 세우는 원동력이 되었다.

그러나 본죽이 성공하고 기업이 자리를 잡으면서 어느새 나도 모르게 그 절박함과 간절함이 빠져나가고 그 자리에 편암함과 자만심이 자리를 잡은 것이다. 국수와 순대에 대한 나의 자신감과 확신은 사실은 정작 중요한 기본을 놓쳐버린 나의 자만심과 과신이었다.

충분한 자본과 사람이 있으니 당연히 성공하겠지, 본죽을 그렇게 성공시켜 놓았으니 오히려 국수와 순대는 더 쉽겠지 하는 근거 없는 나의 오만이 실패를 불러온 것이었다. 참으로 부끄러운 일이다. 그 일로 나는 회사에 많은 손실을 끼치는 결과를 초래하고 그동안 애를 쓴 직원들의 마음에 상처를 주는 일을 한 것이다.

나는 이 실패한 일을 통해 나 자신을 돌아보는 계기가 되었다. 또 일을 새롭게 추진하는데 있어 정말 무엇이 중요한 것인가를 깨닫는 계기가 되었다. 정작 중요한 것은 사람이다. 그리고 그 사람의 마음가짐이다.

아무리 외부요인이 풍족하게 잘 갖추어져 있다 해도 그 일을 추진하는 사람의 마음가짐이 바로 서 있지 못하다면 그 일을 성공하기 어렵다는 것이다. 바로 그 일을 꼭 성공시키겠다는 그리고 그 일이 마지막이 될 수도 있다는 백척간두진일보(百尺竿頭進一步)의 절박한 마음과 간절한 마음가짐이 있어야 새롭게 시도하는 일이 성공할 수 있다는 것이다.

국수와 순대의 실패를 계기로 새로운 브랜드를 만들고 새롭게 시작할 때 나는 내 스스로 절박함과 간절함을 가지고 일을 시작해야겠다는 교훈을 얻었다. 아픈 실패였지만 소중한 것을 깨달은 과정이었다.

정성
—
본죽
김철호 대표의
기본이 만들어낸
성공 레시피

기본을 잃어버린 대가

 2010년은 10월은 본죽의 창업 이래 최대의 경사가 겹쳐서 일어난 해였다. 본죽 가맹점이 1,000개를 훌쩍 넘어서고 대한민국에서 최초로 프랜차이즈 산업 부분에서 1호로 대통령 표창을 받는 기업으로 선정되었다.
 또한 재경부 장관상과 중소기업청장상을 수상히여 그랜드슬램을 달성하는 영예도 달성했다. 2002년 작은 죽집에서 시작한 기업이 이렇게 성장하고 고객과 국가에 인정을 받았다는 것이 자랑스러웠다.

그러나 그로부터 1년 뒤, 그 영예와 자랑스러움은 한순간에 사라지고 지금까지 지켜왔던 본죽인으로서의 자부심을 송두리째 앗아가는 사건이 터지고 말았다. 뿐만 아니라 가맹점 매출이 급감하고 그동안 본죽을 믿었던 수많은 고객들로부터 매서운 질타가 터진 봇물처럼 쏟아지는 사태가 벌어진 것이다. 있을 수도 없고 믿을 수도 없는 일이 한순간에 일어난 것이다.

2011년 11월 M방송의 불만OO 프로에 본죽이 집중 보도되는 일이 일어났다. 방송기자가 한 본죽 가맹점 주방에 들어가서 비밀리에 촬영을 하고 그 실상을 그대로 방송에 내보낸 것이다. 본죽은 창업 이래 지금까지 전 매장에서 국산 김치만을 사용하고 있었다. 그런데 문제의 가맹점 사장이 중국산 김치를 사용하고 주방의 위생상태 또한 규정을 어기고 비위생적으로 관리되고 있었다.

조금 더 이윤을 남겨보겠다는 생각에 기본을 잃어버린 것이다. 방송의 여파는 실로 엄청났다. 모든 것이 잘되고 있다고 생각하고 있었는데 정말 현실을 인정하기 어려운 감당하기 힘든 일이 순식간에 일어났고 그 여파는 들불처럼 퍼져나갔다.

사실을 미리 통보 받고 특정 가맹점에서 일어난 일이고 많은 선

정성
—
본죽
김철호 대표의
기본이 만들어낸
성공 레시피

의의 가맹점 사장님이 피해를 받으니 방송만을 내보내지 말아달라고 눈물로 하소연을 해보았지만 소용없는 일이었다. 고객들 또한 한 개 가맹점의 일로 보지 않고 본죽 전체 가맹점에 대해서 실망감과 분노를 쏟아내었다.

무엇이 잘못 되었던 것인가? 우리가 놓치고 있었던 것은 무엇인가? 우리가 잘 보고 있다고 믿지만 실상은 보지 못하고 있는 것은 무엇인가? 나는 그 가맹점 사장님에 대해 말할 수 없는 원망이 일었지만 그것보다도 먼저 이 사태를 수습해야 했다. 그리고 이 중대한 사태를 수습하기 위해서는 먼저 현실을 인정하는 것이었다.

아무리 한 개 가맹점에서 특별하게 일어난 일이라고 변명해보았자 소용없는 일일뿐더러 문제의 해결에도 아무 도움이 되지 못한다. 중요한 일은 사태를 빨리 수습하여 많은 가맹점의 손해를 줄이는 일이고 문제를 해결하기 위해서는 원인을 알아야 했다.

나는 나를 돌아보았다. 내가 돌아본 그 자리에 그동안의 성취와 익숙해진 편안함으로 기본을 잃어버린 내가 서 있는 것을 발견할 수 있었다. 그때 이미 본죽은 전국에 1,000개 이상의 가맹점을 개설하여 운영하고 있었다. 그 많은 가맹점을 원칙과 기본에 충실하게 일

일이 관리하기는 쉬운 일이 아니다.

그러나 그것은 아무리 어려운 일이라도 반드시 해야 하는 일이다. 그 일이 곧 본사가 있는 이유이고 전체 가맹점이 같이 살길이며 고객으로부터 신뢰를 유지하는 길이기 때문이다. 나는 나의 책임을 통감했다. 이번 일은 어느 한 가맹점의 문제가 아니고 어느 한 부서의 책임이 아니라 바로 본을 잃어버린 나의 책임인 것이다.

그때부터 전 임직원이 한 몸이 되어 상황을 수습하기 시작했다. 문제가 된 가맹점을 즉시 폐점 조치하고 고객들에게 사실을 알리는 진정성 있는 사과문과 개선 방안을 발표했다.

그리고 전 가맹점을 전수조사하여 문제사항을 개선하고 전 가맹점이 함께 모여 교육을 하고 인식을 같이 하면서 어려운 중에도 더욱 본을 지키겠다는 각오를 다졌다. 나도 잠정적으로 가맹섬 신규 개설을 중단하기로 결정하고 그동안 내실과 기본을 다지는 데 총력을 기울이겠다고 약속했다. 다행히도 가맹점 사장님들이 적극적으로 동참해주었고 고객들도 우리의 노력을 인정하고 빠르게 신뢰를 회복해주었다.

나는 이 일을 계기로 큰 성찰을 할 수 있었다. 본죽 가맹점을 운영하는 사장님들은 전국 어디에서 운영을 하든지 한 식구이며 한 배

> 정성
> —
> 본죽
> 김철호 대표의
> 기본이 만들어낸
> 성공 레시피

를 탄 공동운명체라는 것이다. 본죽 사장님들도 이 일을 통해서 우리들이 자신뿐만이 아니라 다른 본죽 가맹점을 위해서 원칙을 지켜서 해야 하겠다는 기본을 새삼 체험하는 계기가 되었다고 말했다.

또한 마땅히 지켜야 할 기본이 지켜지지 않을 때 얼마나 큰 감당하기 어려운 일이 일어날 수도 있다는 것을 깨달을 수 있었다.

좋은 브랜드가 곧 경쟁력

브랜드는 기업경쟁력의 핵심자산이다.

예전에는 기업의 브랜드가 그 기업의 상표, 영업표식, 또는 기업이미지 정도로 인식되어 그 중요한 가치를 인정하는 데 인색했다. 그러나 글로벌기업의 브랜드는 오래전부터 그 가치를 매년 금액으로 환산하여 발표되고 있고 그 금전적인 가치는 애플, 코카콜라의 경우 웬만한 개발도상국가의 한해 예산을 뛰어넘는 금액으로 우리를 놀라게 하고 있다. 그처럼 브랜드는 보이지 않은 무형의 가치뿐만이 아니라 재무적 자산으로도 기업의 핵심자산이다.

특히 프랜차이즈 사업에서 브랜드는 기업의 경쟁력이면서 중요한 핵심자산이다. 외식 프랜차이즈 기업인으로서의 내 꿈은 '초코파이'와 같은 본 브랜드를 만드는 것이다.

제조회사는 잘 몰라도 세계 어디에서나 초코파이를 알아보는 것처럼, 우리 문화를 잘 모르는 사람들조차 한식을 먹을 때면 본브랜드를 떠올릴 수 있도록 만드는 것이다. 외식 프랜차이즈의 경우 이미 맥도날드, 스타벅스와 같은 글로벌 브랜드가 있는 것을 볼 때 우리 한식 브랜드라고 결코 불가능한 일이 아니다.

나는 어떤 프랜차이즈 회사보다도 브랜드 관리에 더 정성과 심혈을 기울인다. 기존에 자신이 잘 먹지 않던 메뉴였더라도 '본'이라는 브랜드를 보면, 세계 어디에서는, 그리고 누구든 망설임 없이 문을 열고 들어올 수 있게 하는 것이 우리 본브랜드 관리의 최종 목표다.

그러나 그것이 생각처럼 쉽게 이루어지지는 않는다. 앞에서 예로든 것처럼 기존의 가맹점이 브랜드의 이미지에 손상을 주는 경우도 있고, 수년간의 연구와 노하우를 축적해 이루어낸 성과를 겉모양만 그럴듯하게 흉내 내어 기존 브랜드에 큰 타격을 준다. 특히 우리나라 외식업의 경우, 어떤 아이템이 성공을 거두면 곧바로 유사한 형태의 체인점이 난립하는 경우가 허다하기 때문이다.

정성
—
본죽
김철호 대표의
기본이 만들어낸
성공 레시피

각 브랜드가 사업의 기본을 충실히 지키고 차별화된 노하우를 축적해 동종업계의 사업을 이끌어간다면, 시장은 훨씬 커지고 고객들의 선택 또한 선택의 폭이 넓어지게 되어 긍정적인 방향으로 함께 성장할 수 있다.

그러나 현실은 대부분이 선도업체의 겉모양만 흉내를 내다보니 피해자들이 생겨나고, 고객들의 신뢰를 잃게 되어 결과적으로는 시장 자체를 축소시키는 안타까운 일이 일어난다.

좋은 브랜드를 선택하면, 그 브랜드가 가지고 있는 돈으로 따질 수 없는 유무형의 가치를 한꺼번에 얻게 된다. 따라서 가맹점을 사업을 하려면 소비자들로부터 좋은 이미지를 얻고 있는, 그리고 브랜드 관리에 철저한 업체를 선정하는 것이 무엇보다 중요하다.

유행하는 업종에 편승하여 체인점 몇 곳을 개설하다가, 더는 사업을 펼치지 못하고 폐업하고 말 브랜드로는 절대로 가맹점이 생존할 수 없다. 유행을 타는 브랜드, 관리가 철저하지 못한 브랜드, 본사의 재무 상태나 기업철학이 좋지 않은 브랜드를 선택할 경우 본인의 노력과 상관없이 같이 망하는 결과를 초래할 수밖에 없다. 무엇보다도 기존 가맹점을 통해 수익이 검증되고 철저하게 브랜드가 관리되는 업체를 선택하는 것이 가장 중요하다.

'동일성과 통일성이 철저하게 관리되지 않는 브랜드는 반드시 망한다!'

이것이 브랜드에 대한 나의 기본적인 원칙이다.

4

사람 그리고 본본의 이야기

: 결국은 사람,
그 사람의 행복을 향하라

본으로

행복을
돕는 사람들

우리는 스스로를 '본죽인'이라 부른다. 이는 본아이에프(주)의 설립이념과 사명에 충실하며 그 가치에 자신의 방향과 가치를 정렬시키는 사람을 일컫는 말이다. 본죽의 설립이념은 '서로 협력하여 선을 이룬다'이다. 그리고 사명은 '본으로 행복을 돕는 사람들'이다.

물론 이는 처음부터 작은 죽집을 시작하면서 결정한 것은 아니었다. 그동안 우리가 일을 하면서 무엇을 위해 일하고 있는가? 그리고 우리는 무엇을 가치 있게 여기는가? 하는 것을 고민하게 되었고 그 과정에서 본죽인들 스스로 정한 것이다.

외부에서 컨설팅을 받아 정한 것도 아니고 어느 날 갑자기 생각해서 만들어낸 것이 아니라 우리 스스로 일하고 고민하면서 우리의 사명과 핵심가치를 정한 것에 대해 나는 자랑스럽게 생각한다.

본으로 행복을 돕는다는 것은 무엇일까? 우리에게는 바로 가맹점 사장님의 성공을 돕는 것이다. 가맹점을 운영하는 사장님들이 좀 더 만족할 수 있도록 서비스를 제공하고 본브랜드를 창업하는 사장님들이 실패하지 않고 성공하는 가맹점을 운영할 수 있도록 우리의 역량을 집중시키는 것이 바로 본으로 행복을 돕는 사람들이 되는 것이다.

본죽인은 어느 부서에서 어느 일을 하고 있든 모두 이 하나의 가치와 방향에 정렬되어 있다. 그리고 그 목적은 '서로 협력하여 선을 이루는 것'이고 그 기준은 '성공보다 사명', '경쟁보다 협력', '빨리보다 멀리'라는 3대 핵심가치에 맞추어서 일하는 것이다.

그러면 행복을 돕는 본죽인이 되려면 어떻게 해야 할까? 먼저 본죽인 자신이 행복해야 한다. 내 자신이 행복하지 않으면서 남을 행

정성

본죽
김철호 대표의
기본이 만들어낸
성공 레시피

4부
―
사람
그리고
본本의
이야기

복하게 할 수는 없기 때문이다. 그럼 자신이 행복하려면 어떻게 해야 할까? 사람마다 기준이 다르겠지만 나는 그것이 상황에 의해서 주어지는 것이 아니라 자신의 마음에 의해서 주어지는 것이라고 생각한다.

자신의 존재 이유를 알고 어떠한 상황에서도 상대적으로 휘둘리지 않고 안정된 마음의 상태에 있다면 나는 행복한 사람이라고 생각한다. 나는 일터에서 주어진 일을 하면서도 행복한 사람이 될 수 있다고 생각한다. 그것은 바로 자신이 하는 일의 의미를 알고 그 일이 가치 있고 남에게 선한 영향을 미치는 일이라면 바로 행복한 사람인 것이다.

또한 거기에 그치지 않고 끊임없이 자신의 성장과 성숙을 위해서 노력한다면 어제보다 좀 더 나아지는 스스로를 보면서 뿌듯한 행복감을 느낄 수 있을 것이다. 나 자신도 남과 경쟁하지 않고 내 스스로를 경쟁자로 삼아 좀 더 나아지기 위해서 노력하고, 그런 나를 돌아볼 때 남과 비교하지 않아도 되고 충만한 행복감을 느끼게 된다. 그런 면에서 본죽인은 본아이에프(주)가 추구하는 선한 가치에 자신의 가치를 맞추고, 성장하고 성숙하기 위해서 끊임없이 노력한다는 면에서 행복한 사람들이다.

또한 본죽인은 자신이 행복한 사람임에 그치지 않고 그 선한 영향력을 동심원처럼 펼쳐나가기 위해서 노력하는 사람들이다. 동심원의 물결이 안에서부터 밖으로 펼쳐나가듯이 본죽인 스스로 행복한 사람이 되고 동심원의 핵이 되어서 본으로 행복을 돕는 사람들이 되는 것이다.

밖에서부터 시작하는 것이 아니라, 무슨 거창하고 대단한 것을 하겠다고 외치는 것이 아니라, 바로 나 자신부터 시작해서 바로 옆의 동료. 가까운 사람에게 그 선한 영향력을 펼쳐나간다면 본죽인의 사명인 '본으로 행복을 돕는 사람들'이란 것이 자연스럽게 이루어지는 것이다.

그래서 나는 동심원의 핵인 본죽인 한 명 한 명이 먼저 행복하기를 바란다. 행복한 본죽인이 행복한 가맹점 사장님을 만들며 행복한 가맹점 사장님이 고객을 행복하게 만들 수 있다. 내가 하는 일의 가장 중요한 부분이 본죽인의 성장과 성숙을 돕고 그들이 먼저 행복하게 일할 수 있도록 돕는 것이다.

정성
—
본죽
김철호 대표의
기본이 만들어낸
성공 레시피

감사함으로 피어나는 행복

지난 15년 동안 본 브랜드가 커지면서 많은 것이 변하였지만 지금까지 내가 변하지 않고 하는 것 중에 하나가 바로 신입사원 교육이다. 신입사원은 입사 첫 교육이라 무척 긴장되고 교육 내용과 분위기가 엄격하리라 생각하지만 그렇지 않다.

무엇을 주입하겠다는 의도의 교육이라기보다는 서로의 생각을 들어보고 또 같이 생각해보는 자연스러운 분위기에 더 가깝다. 그리고 자신 스스로 얼마나 소중한 사람이고 어떻게 일하고 살아가야 하는지를 같이 고민하는 자리이다. 그러다보니 편안한 분위기를 만들고 질문하고 답을 찾아가면서 생각하는 시간이 많아지는 그런 자리이다.

정성
—
본죽
김철호 대표의
기본이 만들어낸
성공 레시피

"여러분은 오늘 왜 이 자리에 있습니까?"

내 첫 얘기는 여기서부터 시작한다. 서류전형에서부터 토론면접, 합숙면접 등 여러 과정을 어렵게 거쳐 합격하고 첫 출근을 한 신입직원들은 다소 엉뚱한 내 첫 마디에 당황하여 답을 하는 직원들은 없다.

"그럼 우리 회사에 입사할 때 품은 포부 같은 것이 있었나요?"

신입사원들은 그 질문에 미리 준비해둔 대답을 한다. 젊은 열정을 불살라 최고의 회사로 만들겠다, 오랫동안 이 회사에 들어오기 위해 준비했다, 회사의 성장과 함께 최고의 전문인으로 성장해나갈 것이다 등등.

"왜 그런 결심을 하게 되었죠. 그리고 왜 그렇게 되려고 하죠?"

그러면 신입사원들의 또 대답이 뜸해진다. 그러다가 대답을 하는 사람이 있으면 나는 계속해서 '왜?'라는 질문을 던진다. 그러고 나서 내가 진짜로 하고자 하는 얘기를 한다.

4부
―
사람
그리고
본本의
이야기

"여러분이 지금 여기 있는 이유는 행복한 사람이 되기 위해서입니다. 여러분이 지금 말한 포부, 목표, 전문가…… 이러한 것들은 여러분이 행복해지기 위한 수단이지 여러분 인생의 목적 그 자체는 아닙니다."

그러면 어떻게 해야 우리는 행복할 수 있을까? 잠시 숨을 고르고서 내가 생각하는 '행복과 감사'에 대해 이야기한다.

"사람들은 모두 행복하기를 바라고 그렇게 되기 위해 노력합니다. 저도 그렇고요. 하지만 모든 사람이 다 행복한 것은 아닙니다. 어떤 사람은 하루하루를 살아가면서 행복을 누리는 사람이 있고, 또 어떤 사람은 자신이 항상 불행하다고 여기면서 살아가다가는 사람도 있습니다. 그런데 정작 중요한 것은 행복을 누릴 만한 조건을 갖췄으면서도 이 세상에는 스스로 행복하다고 여기는 사람이 여전히 적다는 사실입니다. 왜 그럴까요?

그것은 감사할 줄 모르기 때문입니다. 작은 일에도 감사할 줄 알고 매사에 감사할 줄 알아야 행복할 수 있습니다. 그렇다면 현실은 그렇지 않은데 어떻게 매사에 감사하면서 살 수 있을까요.

바로 '그럼에도 불구하고 감사'하는 것입니다. 이는 현실을 인정하고 받아들이되 상대적인 잣대를 가지고 받아들이는 것이 아니라,

자신만의 절대적인 기준을 가지고 현실을 받아들이는 마음가짐입니다. 살아가면서 모든 일이 항상 뜻대로 이루어지는 것은 아닙니다. 때로는 내 의지와는 전혀 상관없이, 예고도 없는 상황이 벌어져 자신을 꼼짝 못하게 하는 경우가 너무나 많습니다.

저 역시 살아오면서 내 능력으로도 어찌지 못하는 상황, 내가 원하는 것에 미치지 못하는 현실에 힘들어했습니다. 그렇지만 내가 지금 여러분에게 감사와 행복을 얘기할 수 있는 것은 상황을 탓하지 않는 '그럼에도 불구하고 감사'의 마음가짐이 있었기 때문입니다."

정성
—
본죽
김철호 대표의
기본이 만들어낸
성공 레시피

내가 살아보니 세상은 자신이 원하는 대로만 이뤄지지 않는다는 것을 깨닫는 과정이었다. 아니, 현실은 내가 원하는 것보다 상황이 그렇지 못한 경우가 더 많은 것을 인정하는 과정이었다. 그럴 때마다 내가 상대적인 박탈감을 느끼면서 허탈해했다면 지금의 나는 없었을 것이다.

하지만 '그럼에도 불구하고 감사'하는 마음으로 현실을 인정하고 그 자리에서 다시 시작할 수 있었기에 내가 있을 수 있었다. 어떤 경우에도 상황을 원망하지 않고 그 속에서 감사거리를 찾아내는 마음이 꿈과 희망을 잃지 않고 다시 일어서서 미래를 설계할 수 있었다.

실패를 반복하던 예전의 나에게, 상황만을 바라본다면 사실 행

4부

사람 그리고 본본의 이야기

복은 찾아보기 어려운 일이었다. 그래도 매사 작은 것 하나에서도 '그럼에도 불구하고 감사'함을 찾으려 애쓰고 실패마저도 그것이 주는 메시지를 찾으려고 했고 또 감사하려 노력했다.

나눔, 사람을 섬기는 가장 따뜻한 수단

섬김, 나눔, 배움.

이것은 사단법인 '본사랑'의 3대 이념이다.

돌이켜보면, 내가 직장을 나와 사업을 시작하면서 아내는 경제적으로 편안함보다는 힘들었던 기억이 더 많았을 것이다. 남에게 아쉬운 소리를 못하는 성격임에도 나 때문에 급전을 구하느라 친척들에게 힘든 부탁을 해야 하는 경우도 많았다. 그러면서도 아내는 단

4부
―
사람
그리고
본본의
이야기

한 번도 나를 원망하거나 그러한 형편을 불평하지 않았다. 오히려 앞으로 많은 사람을 돕고 베풀며 사는 삶을 살게 해달라고 늘 기도했다.

아내의 그 간절한 기도가 이루어진 것일까, 주어진 길을 열심히 가다보니 감사하게도 여기까지 오게 됐고 이제 본죽을 있게 한 많은 사람에게 감사와 사랑을 함께 나누어야 할 책임이 생겼다.

나는 이 사업을 통해 가맹점 사장님들의 성공을 돕는 것이 사명이다. 그리고 본죽인들이 서로 존중하고 성장하고 성숙하며 일터에서 신명나고 행복하게 일할 수 있게 만드는 것이 내 사명이다. 이 일을 소명을 가지고 하다 보면 기업이 성장하고 선한 열매가 맺힐 것이고, 나는 그 열매를 다시 선한 사업으로 되돌려주는 것이 옳은 일이라고 생각한다.

소명을 가지고 선한 사업을 하고, 그 열매를 다시 그것이 있게 한 곳으로 되돌려주는 선순환을 이루는 것, 이것이 '본사랑'의 설립 목적이다.

본사랑 역시 어렵고 힘든 여건 속에서도 늘 간절히 원하고 기도했던 아내가 또 그 일을 기꺼이 감당하고 있다.

처음에 본사랑을 설립하면서 아내는 내심 고민을 많이 했다. 지금까지 해왔던 것처럼 조용히 하면 되지 꼭 이렇게 사단법인을 설립해가면서까지 해야 하는가 하는 갈등 때문이었다.

그러나 잔잔한 호수에 동심원이 퍼져 나가듯 좋은 일도 같이하면 더 많은 일을 감당할 수 있다는 것을 증명이라도 하듯 지금은 많은 가맹점 사장님들이 동참하여 본사랑을 통해 선한 사업을 확장하고 있다. 아무 대가도 바라지 않고 자기 것을 내놓아가면서 어려운 이웃을 봉사하고 섬기는 사장님들을 볼 때 나는 더 큰 책임을 느낀다.

어느 날 아내가 내게 이런 말을 했다.

"오랫동안 기아에 허덕인 사람들에게 가장 좋은 영양식이 바로 죽이래요. 이게 무엇을 의미하는 것이겠어요?"

아내는 나에게 늘 신선한 충격을 주는 자극제와 같다. 아내의 말에 나는 '아, 이거구나!'라는 생각이 들었다. 그렇다. 젊은 층을 위한 건강식으로 승부를 걸었던 죽, 그것이 바로 이 세상 가장 여린 사람들을 보듬는 가장 따뜻한 수단이 되는 것이다.

아내는 지금까지 작은 죽 전문점으로 시작한 사업이 성공하고 세계로까지 뻗어가는 결과를 얻을 수 있었던 것은, 바로 우리가 이런 일에 동참하고 나서기 위해서라고 해석했다. 생각해보면 일리 있는 말이었다.

4부
사람 그리고 본초의 이야기

그동안 본사랑은 장애우나 취약계층 사람들에게 실질적인 도움을 주기 위해 다양한 행사를 하고 있다. 또한 창립 초기부터 해오던 쪽방촌 사람들을 돕는 일, 본죽 가맹점 사장님들이 자발적으로 전국의 복지시설을 돌면서 손수 만든 죽으로 봉사하는 일을 계속하고 있다. 그리고 본브랜드가 음식으로 성장했으니 음식을 통해 사회에 봉사할 수 있는 곳을 찾아 그 일을 기꺼운 마음으로 감당하기 위해 노력하고 있다.

이제는 그 영역을 넓혀 본죽 제품을 북한 어린이에게도 보내고 방글라데시, 아프리카 등지의 영양실조가 심해 음식을 주어도 먹지 못하는 어린이들에게도 보내, 본죽이 생명의 음식으로 사용되는 일을 지금까지 계속하고 있다.

나는 아내가 본사랑을 통해 섬김, 나눔, 배움의 정신과 실천을 정말 잘 감당해내리라 믿는다. 그리고 본사랑이 가맹점 사장님들과 본죽, 본브랜드 가족을 넘어 본을 사랑하는 모든 사람에게 더불어 행복을 나누는 선한 사명을 다하는 동심원이 될 것을 믿는다.

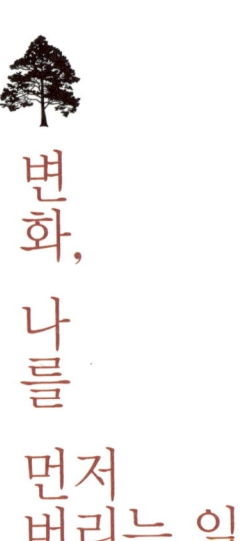

변화, 나를 먼저 버리는 일

초심.

살면서 무슨 일을 시작할 때 처음 먹었던 마음을 잃지 않는 것은 무척 중요한 일이다. 초심을 잃었기에 무너진 기업이 얼마나 많으며, 같은 이유로 한순간에 삶의 질곡 속으로 빠져든 사람들이 얼마나 많았던가. 그래서 사람들은 무슨 문제가 생길 때마다 처음 가졌던 마음 그대로를 살펴보기를 누누이 강조했나 보다.

4부

사람 그리고 본本의 이야기

초심은 중요하다. 처음 시작할 때의 정신과 자세를 유지하는 것이 얼마나 어려운지는 그것을 지키기 위해 노력해본 사람은 알 수 있다. 한결같은 사람, 처음의 정신과 자세를 잃지 않는 사람. 그런 사람은 주변에서 쉽게 찾아보기 어렵다. 자신을 스스로 평가하여, 초심을 잃지 않고 살아간다고 자신할 수 있는 사람이 과연 얼마나 될까.

나 역시 본죽을 처음 시작할 때의 초심을 잃지 않기 위해 무던히도 애썼다. 그러나 그동안 환경도 많이 변했고 사업도 어느 정도 자리를 잡고 보니 옳은 것보다는 쉽고 편한 것에 유혹되고 넘어지는 경우가 많았음을 고백하지 않을 수가 없다. 그러나 쉽게 나태해지고 현실에 안주하려고 할 때마다 나를 채찍질한 것은 다름 아닌 초심을 상기하고 지키기 위한 노력이었다. 초심을 유지하는 것이 바로 본을 실천하는 것이라 믿었기 때문이다.

그런데 초심만을 강조하다 보니 문제가 생기기 시작했다. 본이 처음 출발할 때는 대학로 본점 한 곳밖에 없었다. 그 후로 가맹점 수가 늘어났지만 경영이념, 본의 실천철학은 늘 초심을 지키는 것이었다. 그것은 문제가 되지 않았지만 방법이 문제였다. 초심을 고집하며 처음 방법을 시키는 것만으로는 더 이상 늘어나는 가맹점을 감당하기 어려웠다.

그때부터였다. 나는 초심을 지키는 문제와 변화를 수용하는 문제 사이에서 괴로워하기 시작했다. 그러다가 문득 든 생각이 이런 것이었다.

'과연 내가 지키려는 것이 초심인가, 아니면 현재의 방법과 내 고집을 지키려는 것인가?'

그 생각은 내게 또 다른 질문을 남겼다.

'처음의 방법을 지키기 위해 노력한다는 의미는 무엇인가? 초심을 지키겠다는 명분으로 본의 미래, 새로운 발전이 될 계기를 저버리고 있다는 뜻도 되지 않을까?'

결국 내가 찾아낸 답은 '변화'였다. 본죽이 이룬 작은 성과에 만족하면서 초심을 지켜야 한다는 이유로 변화를 거부하고 있었던 나를 발견한 것이다.

지금까지 해온 방식이 모두 옳다는 내 아집을 버리지 못하고 스스로 변화를 거부하고 있다는 사실을 깨달은 것은 내게 커다란 충격이었다. 지키는 것에 급급하면서 스스로 변화의 길을 막아놓고 있었던 것이다. 그릇은 자신의 크기 이상을 안에 담을 수 없고 사람은 자기가 생각하고 바라는 것 이상으로 성장할 수 없다는 것을 깨달았을 때 본브랜드의 가장 큰 장애물은 바로 나 자신이었다.

정성
—
본죽
김철호 대표의
기본이 만들어낸
성공 레시피

4부
—
사람
그리고
본本의
이야기

고민은 다시 시작되었다. 정말 인정하기 싫었지만, 본이 초심에만 파묻혀 변화를 적극적으로 수용하지 못하는 원인은 절대적으로 나에게 있었다. 그렇다면 나부터 바뀌어야 했다.

그럼 무엇을 어떻게 바꿀 것인가. 그것은 버리는 데 있다는 결론을 얻었다. 지금의 나, 현실에 익숙해져 있고 지금까지의 내 방법이 모두 옳다는 착각에 빠져 있는 바로 나를 버리는 것 말이다. 끊임없이 나를 버리고 바꾸어야 했다.

이제 본브랜드는 1,800여 가맹점을 운영하는 큰 기업으로 성장했다. 본브랜드의 시작인 본죽만 해도 1,200점포가 넘게 운영되고 있으며 새로운 본브랜드가 런칭되어 많은 가맹점이 운영되고 있고 해외에도 많이 매장을 오픈했다. 이렇게 많은 가맹점과 수많은 고객의 사랑을 받는 브랜드와 기업이 나 한 사람만의 방식과 고집으로 계속해서 운영된다면, 절대 미래의 성장을 기대할 수 없다.

이제 회사에서 필요한 것은 나도 아니고 지금까지 내가 했던 방식도 아니었다. 이제 본브랜드는 가맹점과 본브랜드의 가족들, 본브랜드를 믿는 고객들이 만들어가는 우리 모두의 기업이 된 것이다. 우리 모두의 것인 기업에서 이제는 나 자신의 한계를 깨트리고 넘어설 때가 되었다. 그것이 내가 마땅히 해야 할 일이고 그래야 본브랜드의 미래를 약속할 수 있다.

  본이 이렇게 단기간에 성장한 것은 축복이라고 생각한다. 하지만 축복받은 자에게는 항상 책임이 따르기 마련이다. 그래서 나는 변화를 시도해야 한다.

  변화는 단지 겉모양만 흉내 낸다고 해서 이루어지는 것은 아니다. 그렇게 되면 본의 존재 이유인 고객들에게 실망만을 안겨주게 될 것이다. 본의 가장 큰 자산인 고객에게 신뢰와 사랑을 잃지 않는 일, 이를 위한 창조적 변화가 필요한 것이다.

정성
—
본죽
김철호 대표의
기본이 만들어낸
성공 레시피

원칙을
넘어 신뢰로

'전통과 정통'은 우리가 흔히 사용하는 말임에도 그 뜻을 올바르게 구분해서 사용하지 못할 때가 많다. '정통'은 시대와 환경에 관계없이 변하지 않고, 변해서는 안 되는 가치나 기준을 말한다.

반면에 '전통'은 당대와 그 상황에는 옳았으나 과거에 국한되어 시기와 상황에 따라 변화되어야 하는 것일 수도 있다고 생각한다. 그래서 당시에는 옳았다는 이유로 변화를 거부하고 '전통'만을 고집할 경우에는 흔히 얘기하는 보수, 수구와도 같이 될 수 있을 것이다.

그렇다고 무조건 변화를 좋은 것이라고 생각해 '정통'까지 바꾸는 것은 옳지 못하다. 본브랜드가 우리의 한식을 브랜드화하면서 한식 고유의 정체성을 살리되 현대에 맞게 재해석하려고 노력하는 것은 바로 이런 이유에서이다.

본아이에프(주)의 사훈은 '본을 지키고 키워가는 기업'이며 여기에서의 '본'은 바로 '원칙과 신뢰'이다. 그리고 원칙은 바로 3대 핵심 가치이다. 나는 원칙과 신뢰를 위에서 말한 전통과 정통의 관계와 같다고 생각한다. 전통은 정통을 잘 구현해내기 위해서 존재하는 것이다.

마찬가지로 원칙도 원칙 그 자체가 목적이 아니라 신뢰를 쌓기 위한 것이다. 원칙과 신뢰는 대등한 관계가 아니며 원칙은 궁극적으로 신뢰를 쌓기 위한 수단이자 방법인 것이다. 그리고 여기에서의 원칙은 사회적으로나 윤리적으로 적절한 것이어야 하며 본브랜드가 추구하는 가치와도 어긋남이 없어야 한다. 그 원칙을 지킴으로 인해 우리가 쌓아야 할 것은 바로 신뢰이다.

본아이에프(주)에서 말하는 '신뢰'란 바로 '예측 가능함'이다. 우리는 변덕이 많고 자기의 입장에 따라 쉽게 말과 가치를 바꾸는 예

정성
—
본죽
김철호 대표의
기본이 만들어낸
성공 레시피

4부
—
사람
그리고
본보의
이야기

측할 수 없는 사람을 신뢰하지 못한다.

나는 기업도 마찬가지라고 생각한다. 그 기업과 그 기업에 속한 사람들의 결정과 행동이 예측 가능할 때 고객이 그 기업을 신뢰한다고 생각한다. 그 기업의 미션에 맞는 결정을 내리고 행동할 때 고객이 그 고객의 제품과 조직원을 신뢰하는 것이다.

나는 기업과 사람이 성장하듯이 기업의 문화도 성장하고 성숙해야 한다고 생각하다. 그러나 성숙하지 못하고 원칙을 지키는 것을 마치 정해진 규칙만을 지키면 된다는 정도로 좁게 해석하거나 본래의 목적을 잊고 규칙만을 고집한다면 문제가 있다.

이는 시대와 상황이 다른데도 지금까지 해온 전통만을 고집하다가 마땅히 지켜져야 하는 정통마저 잃어버리는 실수를 범할 수도 있다. 몇 년 전 불만OO 사태가 터졌을 때, 나는 가맹점 개설을 중단한 사례가 있다. 이는 당장의 이익을 얻을 수 없다 할지라도 우리가 추구하는 가치를 지키고 신뢰를 지키기 위한 결정이었다.

규칙을 지키는 것도 마찬가지다. 회사에는 육아휴직규정이 있다. 규정이 있기 때문에 육아휴직을 내는 것은 당연한 것이다. 그러나 부모를 보살피기 위한 휴직 규정이 없다고 해서 마땅히 휴직이 필요한 상황임에도 휴직을 하지 못하고 사직을 해야 한다면 그것은 문제가 있다.

부모도 자식과 똑같이 1촌 관계이며 그 상황과 안타까움은 같은 것으로 보아야 하지 경중을 따지는 비교의 문제가 아니다. 그러나 각각의 상황마다 규칙을 따지고 새로운 규칙을 만들어 나간다면 아무리 많은 규칙과 원칙을 만들어도 모든 것을 다 만족시키기에는 불가능할 것이다. 중요한 것은 그 원칙이나 규칙이 진정으로 무엇을 얻기 위한 것이냐를 진지하게 묻고 답하는 것이다. 그것이 성숙한 모습이다.

본아이에프(주)에 있어서 본죽인은 어떠한 규칙을 지키든, 그리고 어떠한 행동을 하던 그것은 결국은 '본으로 행복을 돕는다'는 사명에 부합한 것이라야 한다.

노자는 최고의 도를 묻는 질문에 '상선약수(上善若水)' 즉 물과 같은 것이 최선의 도라고 했다. 나는 본죽인도 이처럼 어떠한 결정을 하고 행동을 하던 그것이 본의 사명에 부합하고 그것이 물과 같이 자연스럽게 이루어질 때 진정으로 성숙한 본죽인이 된다고 생각한다.

정성

본죽
김철호 대표의
기본이 만들어낸
성공 레시피

성장과

성숙은
양팔저울

　내가 기업을 운영하면서 항상 염두에 두는 것이 바로 성장과 성숙이다. 기업은 반드시 성장해야 한다. 두 발로 페달을 밟아 앞으로 나아가야 넘어지지 않는 자전거처럼 기업도 성장하지 않으면 도태된다.
　또 기업이 성상해야 그곳에 몸담고 있는 임직원들이 싱징힐 수 있는 기회가 주어지며 그들의 꿈을 이루고 자신이 하는 일을 통하여 사회에 기여할 수 있는 기회가 주어진다.

    나는 IMF 때에 운영하던 기업이 도산하고 직원들이 뿔뿔이 흩어지는 것을 겪으면서 기업가에게 있어 기업을 도산시키는 것은 가장 큰 죄가 된다는 것을 뼈아프게 깨달았다. 또한 자기 스스로만 만족하면서 기업을 성장시키지 않고 적당하게 운영하는 것도 그에 못지않은 무책임한 일이라고 믿게 되었다.

    그러나 성장 그 자체가 목적이 되어서는 안 된다. 성장은 사람이 해를 거듭할수록 나이를 먹고 몸집이 커지는 것처럼, 시간이 지나고 거기에 노력이 보태진다면 당연히 될 수 있는 것이다.

    하지만 성숙은 나이를 먹고 몸집이 커진다고 해서 저절로 이루어지는 것이 아니다. 자신의 존재의 이유에 대한 끊임없는 성찰이 있어야 성숙할 수 있다. 나이를 먹고 몸집이 커졌는데도 철이 들지 않고 지혜롭지 못한 사람, 즉 성숙하지 못한 사람은 위험할 수 있다. 나는 기업도 사람과 마찬가지라고 생각한다. 기업이 나이를 먹고 몸집이 커진다는 것은 그만큼 그 기업이 사회에 영향을 끼칠 수 있는 부분이 많아진다는 것이다.

    본아이에프(주)는 올해 16주년을 맞았다. 그동안 많은 성장을 했

정성
―
본죽
김철호 대표의
기본이 만들어낸
성공 레시피

고 몸집도 많이 커졌다. 전국에 본브랜드를 운영하는 수많은 가맹점 사장님이 있으며, 많은 협력업체와 임직원이 있다. 이것은 그만큼 우리가 영향을 미칠 수 있는 부분이 많아졌다는 의미이다.

그러나 몸집이 커진 만큼 우리의 정신과 마음이 거기에 미치지 못하고 잘못된 미션과 잘못된 방향으로 가고 있다면 어떻게 될까. 굉장히 위험한 일이다. 그렇기 때문에 성숙이 반드시 필요한 것이다.

선한 목적을 잃어버리고 제일 크고 돈 많이 버는 기업이 되기만을 추구하고 수단과 방법을 가리지 않고 앞으로만 돌진할 때 기업은 그 존재 자체가 위협이 될 수가 있다. 그렇기 때문에 우리는 항상 깨어 있어야 하고 성장하는 것 이상으로 성숙한 기업이 되도록 노력해야 한다.

본아이에프(주)는 '성공보다 사명', '경쟁보다 협력', '빨리보다 멀리'라는 3대 핵심가치를 원칙으로 운영하고 있다. 본죽인이라면 누구나 이 3대 핵심가치를 기준으로 삼아 의사결정을 하고 행동하려고 노력하고 있다. 나 스스로도 본죽인들에게 회사의 최고 의사결정권자는 나와 직속상관이 아니라 바로 이 3대 핵심가치라고 누누이 강조하여 말한다.

성공, 경쟁, 빨리 다 중요하다. 기업이 살아남고 성장하기 위해서는 당연히 해야 하는 일이다. 그러나 기업이 오로지 성장만을 위해서 돌진한다면 이는 백미러와 브레이크가 없는 자동차처럼 위험하다. 기업의 사명에 충실한 성장이 전제되어야만 성장이 의미가 있는 것이다. 양쪽의 균형이 잘 이루어져야 제 기능을 발휘하는 양팔저울처럼 성장과 성숙은 서로 균형을 유지해야 한다.

그러나 부득이 성공과 사명, 경쟁과 협력, 빨리와 멀리가 양립할 때 무엇을 당연히 선택해야 하는지가 바로 본죽인의 가치판단의 기준이다.

우리가 어떠한 결정을 내리더라도 '본으로 행복을 돕는 사람들'이라는 사명에 부끄럽지 않은 결정을 내릴 때 비로소 우리는 성숙한 기업, 성숙한 본죽인이 되는 것이다.

정성
―
본죽
김철호 대표의
기본이 만들어낸
성공 레시피

사람 그리고 본으로 이어지는 길

　기업을 경영하며 시간이 지나고 회사가 성장 할수록 스스로 부족함을 더 많이 느끼게 되었다. 전문적으로 경영학을 공부한 사람도 아니고 그동안 살아오면서 그런 것들을 차분히 앉아 공부할 시간과 마음의 여유도 없었다.

　그렇다 보니 회사가 성장하는 것만큼 내 부족힘은 더욱 커졌다. 그리고 내가 창업주라는 안일한 생각으로 기업이 성장하는 데 걸림

돌이 되어서는 안 되겠다는 압박감도 많이 들었다. 그래서 부족함을 채우기 위해, 아니 점차 무거운 짐을 지게 되면서 내가 살아남기 위해 택한 것이 독서였다.

그전에는 책을 한 권 손에 잡으면 기를 쓰고 그 내용을 모두 머릿속에 담아두려고 노력했다. 그래서 같은 대목을 여러 차례 반복해 읽기도 하고 입시를 준비하는 학생처럼 중얼거려 보기도 했다. 그리고 한번 잡은 책은 처음부터 끝까지 다 읽어야 한다는 강박관념 같은 것이 나를 힘들게 했다. 그러나 책 내용을 머릿속에 다 담는 것도, 모든 책을 다 끝까지 읽는 것도 불가능하다는 것을 깨달았다. 그 이후로 새로운 책을 읽을 때마다 과거에 가지고 있던 생각을 버리기 시작했다.

'모든 것을 다 얻으려고 하지 말자. 이 책을 통해서 단 한 줄만 얻도록 하자.'

이처럼 모든 것을 다 얻어야 한다는 생각을 버린 뒤부터 책을 읽기가 훨씬 수월해졌다. 아니, 더 편안한 마음으로 더 많은 책을 읽을 수 있게 되었다.

이것이 세상사는 이치였던 모양이다. 욕심을 버리자 적어도 한 구절은 놓치지 않게 되었고, 한결 수월해진 책읽기를 통해 다양한

> 정성
> ―
> 본죽
> 김철호 대표의
> 기본이 만들어낸
> 성공 레시피

지식을 얻고 나를 성찰할 수 있게 되었던 것이다.

실천도 마찬가지다. 큰 실천, 모든 것을 다 하겠다는 마음은 실천하기도 어렵거니와 그 과정에서 지쳐버리기 십상이다. 인간이 가진 능력에는 한계가 있으니 말이다. 그런데도 여러 가지를 동시에 실천하겠다고 덤벼든다면 오히려 화가 되어 모든 일을 망쳐버리는 경우가 생긴다. 한마디로 모든 것을 다 하겠다는 것은 지나친 욕심이다.

해야 할 일이 많을수록 지금 바로 곁에 있는 것, 작고 사소한 것부터 실천하겠다는 마음가짐이 필요하다. 그렇게 작은 것부터 실천해나가다 보면 깨닫게 될 것이다. 실천이 그렇게 어려운 일만은 아니라는 것을. 작은 것부터 차근차근 실천하다 보면 한꺼번에 모두 해결하겠다고 덤벼들 때보다 훨씬 많은 일을 성취할 수 있다는 사실을.

본브랜드는 궁극적으로 행복을 추구한다. 본죽인과 가맹점 사장님, 그 가족과 이웃은 물론, 모든 사람이 행복하기를 기원한다. 그래서 본의 키워드는 행복이다.

그러나 크고 대단한 것을 실천해서 그 일을 하는 것은 아니다.

바로 지금 내가 하는 일을 성실히 하고, 내가 먼저 행복한 사람이 되고, 본브랜드가 추구하는 사명에 자신을 정렬시키고 헌신할 때 그것이 이루어진다.

  가장 좋은 회사를 만드는 것이 바로 나로부터 시작하듯이 '본으로 행복을 돕는 사람들'이란 본죽인의 사명도 바로 내 앞의 일을 성실히 해내는 것으로부터 출발한다. 그 작은 실천과 출발이 동심원처럼 퍼져 나가 결국은 본브랜드의 사명을 이루어나가는 본죽인이 되는 것이다.

정성

본죽
김철호 대표의
기본이 만들어낸
성공 레시피

경영은
철학이다

나는 그동안 본아이에프(주)를 경영하면서 많은 고민을 하며 제도와 규정을 만들고 또 외부의 사례를 적용해가면서 이 자리까지 왔다. 그러나 지금의 내 고민은 그 방식의 옳고 그름을 떠나 과연 적용해온 방식이 지금도 최선의 방식인지에 대한 것이다.

즉 '우리가 추구하는 가치와 미션에 맞고, 본죽인스러운가? 또 본죽인이 좀 더 본질적인 업무에 집중하여 역량을 발휘하고 행복한 일터를 만드는 데 효과적인 방식이었는가?'에 대한 고민이다.

그런데 생각해보니 우리가 성장하고 성숙해지긴 했지만, 우리에게 잘 맞고 정말 우리다운 옷을 입고 있는 것은 아닌 것 같았다. 지금까지의 방식이 틀린 것이 아니라 본아이에프(주)의 가치에 맞는 제도가 필요한 것이다. 그렇게 시작된 고민이 바로 '본아이에프(주)에 있어서의 경영의 본질이 무엇인가?'에 대한 고민이다.

그러나 나는 경영에 대해 많은 고민도 하고 책도 봤지만, 아직 '경영은 이것이다'라고 정의할 만큼 경영에 대해서 아는 것이 부족하다. 그럼에도 내가 본아이에프(주)를 경영하며 얻은 깨달음들은 '기업의 경영은 결국 철학이다'라는 것이다.

'경영은 철학이다.'

이 문장이 모든 경영 현장에 맞는 것이 아니라 내가 생각하는 본아이에프(주)의 경영에 대한 정의이다. 나는 철학은 '내가 누구인가?'에 대한 고민이라고 생각한다.

그리고 '내가 어디에 있는가?' '나는 어디로 가야 하는가?'이에 대한 질문을 끊임없이 던지는 것이 철학이라고 생각한다. 한 번 답을 얻었으니 끝난 게 아니라 그 질문을 붙잡고 끊임없이 성찰하는 것이 철학이고 그것이 곧 경영이라고 생각한다.

정성
―
본죽
김철호 대표의
기본이 만들어낸
성공 레시피

4부
―
사람
그리고
본本의
이야기

본아이에프(주)의 경영도 기업의 존재 이유에 대한 물음, 그리고 지금 어디에 있고 어디로 가야 하는지에 대한 끊임없는 생각과 답을 찾아가는 과정이다. 나는 그에 대한 질문에 방향과 답을 어느 정도 가지고 있다고 믿는다. 본죽인의 사명, 핵심가치가 바로 그러하며 그것이 본죽인이 말하는 철학이고 곧 경영이다.

그리고 '경영은 곧 사람에 대한 믿음이다'라고 생각한다. 그 믿음에는 용기가 필요하다고 생각한다.

나는 본죽인들을 어떠한 경우에도 전 인격적인 주체로 대하지 목적을 달성하기 위한 수단으로 생각하지 않는다. 본죽인들의 선한 의도와 그들의 성품을 믿고 가능성을 믿는다. 그리고 그것을 확인했기에 보고 믿는 것이 아니라 본아이에프(주)의 가치에 맞게 먼저 전제조건 없이 믿으려 하는 것이다.

그런데 믿음은 무엇이며 믿음의 반대는 무엇이라고 생각하는가. 사람에게 상처받은 경험으로 보자면 나는 먼저 믿음을 자신 있게 얘기할 수 있는 처지는 아니다. 그렇다면 사람들은 언제든지 변할 수 있고, 떠날 수도 있으니까 믿지 않아야 하는 존재라고 생각할 수 있을 것이다. 혹은 자기 경험, 선택의 기준에 의해서 믿을 수도 안 믿을 수도 있을 것이다. 그리고 그것은 지극히 개인의 선택이지 옳고 그릇의 문제는 아니다.

하지만 우리 본아이에프(주)의 가치와 문화에 맞게 결정한다면 나는 '먼저 믿어야 된다'고 생각한다. 믿는다는 것은 '네가 이렇게 하면 믿어줄게', '이렇게 하면 보상할게'가 아니다. 조건과 환경을 미리 제시하지 않고 대상을 먼저 전적으로 신뢰하는 것이 믿음이라고 나는 생각한다. 조건을 제시하는 믿음은 믿음이 아니라 거래다. 그런데 사람은 항상 고정불변하지 않으며 때로는 상황에 따라 변하기 쉽고 약한 존재인 것이 현실이다.

산이 높으면 골이 깊은 것처럼 믿음이 크면 실망을 크게 할 수도 있다. 그렇기에 믿으려면 '용기'가 필요한 것이다. 내가 상처받고 배신당하는 것이 두려워서, '기대한 대로 하지 않으면 어떡하지' 하는 두려움 때문에 실행하지 않는다면 그것은 궁극적으로 믿는 것이 아닐 것이다.

그냥 생각만 할 뿐 실행하지 않는다면 실제로는 믿는 것이 아니다. 그래서 믿음에는 용기가 진정 필요하다는 것이다. 자신의 손해, 기대만큼 안 될까 두려워 실천하지 않고 두고만 본다면 상대도 변하지 않는다. 내가 그동안 살아오면서 실패하고 어려운 중에도 다시 도전할 수 있는 용기가 생기고 내 스스로 언제 충만해졌는지를 생각

정성
—
본죽
김철호 대표의
기본이 만들어낸
성공 레시피

4부
―
사람
그리고
본죽의
이야기

해보면 상대가 나를 조건 없이 믿어줬을 때였다. 나의 어머니, 아내가 그런 사람이었다.

이제 본아이에프(주)는 우리의 사명, 핵심가치, 그리고 우리가 추구하는 문화에 맞게 우리의 제도를 만들어 나가고 있다. 무엇보다도 본죽인을 전인격적인 주체로 존중하며 먼저 믿음을 실천하고 그에 맞는 제도를 시행해나가는 것이 'GOOD TO GREAT'한 기업을 만들어 나가는 도전이고 과정이다.

본그룹의 목표는
가장 큰 회사가 되는 것이 아니라
고객들에게
가장 사랑받는 브랜드가 되는 것이다.

본그룹의 존재 이유

본아이에프(주)는 몇 해 전부터 창립기념일 행사를 좀 특별하게 치르고 있다. 나도 그 전에는 얼마나 좋은 곳에서 그럴듯한 송년회를 하고 창립기념일에 본죽인들에게 어떤 선물을 주는가가 관심의 대상이 되고 그것을 통해 나 자신 스스로도 자부심을 느끼기도 했다.

그런데 몇 해 전에 '과연 우리들만의 잔치를 하는 것이 우리 기업의 미션에 맞는 것인가? 우리 기업이 여기까지 온 것이 과연 우리들만의 노력에 의해서였나?' 하는 물음이 본죽인들 스스로에게서 나왔다.

그리고 앞으로 창립기념일 행사는 본아이에프(주)의 미션에 맞게 치루는 것이 좋겠다는 것에 뜻이 모아졌고 그 이후로 창립기념일 행사는 우리가 받을 선물을 이웃과 나누고 봉사하는 것으로 대신하고 있다.

본죽인뿐만이 아니라 뜻을 같이 하는 가맹점 사장님, 협력사도 동참하면서 훨씬 더 뜻깊은 행사가 되었다. 본죽인들과 같이 하는 가맹점 사장님들은 받을 선물을 자신의 땀으로 대신했지만 창립기념일 봉사를 통해 '본으로 행복을 돕는 사람들'이란 우리의 미션을 생각하고 훨씬 더 값진 선물을 마음으로 받는 계기가 되었다.

2002년 작은 죽집에서 시작한 본죽은 이제 본죽, 본죽&비빔밥, 본도시락, 본설렁탕, 본우리반상 등 1,800개가 넘는 가맹점을 운영하고 순수본(주), 본푸드서비스(주) 등을 운영하는 큰 기업으로 성장했다. 그리고 그 과정을 통해 많은 가맹점 사장님의 성공을 돕고 좋은 제품으로 고객에게 서비스를 제공했다는 자부심도 있다.

그러나 내가 진정으로 자부심을 느끼고 가치 있는 성과라고 여기는 것은 본죽이 얼마만큼 외형적인 성장을 했다는 것이 아니다. 그

정성
—
본죽
김철호 대표의
기본이 만들어낸
성공 레시피

> 4부
> ―
> 사람 그리고 본本의 이야기

것은 그동안 일을 하면서 어려운 중에도 '나는 누구이며 우리 기업의 존재 이유는 무엇인가?'를 끊임없이 묻고 답하는 과정을 게을리 하지 않았다는 것이다.

그리고 그 물음이 나 혼자로 그치지 않고 그동안 일을 같이 해온 본죽인들이 같이 고민하고 그 결과가 '설립이념에서 핵심가치까지'라는 것으로 정립되었다는 것이다. 이것은 외부에서 비용을 지불하고 컨설팅을 받아 그럴듯하게 만들거나 나 혼자 며칠을 고민해서 만든 것이 아니다.

본죽인들 모두가 그동안 일을 하면서 우리 기업의 존재의 이유를 끊임없이 고민하고 우리다움을 찾으면서 우리 스스로 정립한 것이기에 더 가치가 있고 자부심이 있다.

여기에 본아이에프(주)의 존재 이유와 본브랜드가 어디로 어떻게 가야겠다는 방향과 의지가 담겨 있다.

본그룹의
설립이념에서 핵심가치까지

본그룹의 설립이념은 '모두가 협력하여 선을 이룬다'입니다.

이는 성경의 한 구절을 인용한 것으로, 기독교 정신을 바탕으로 설립된 본그룹의 정체성을 보여줍니다.

사훈은 '본을 지키고 키워가는 기업이 되는 것'입니다. 여기서 '본'은 '원칙과 신뢰'이며, 이는 '원칙을 지킴으로써 신뢰를 키운다'는 것을 의미합니다.
또한 '원칙'은 본그룹의 3대 핵심가치를, '신뢰'는 예측 가능함을 의미합니다.

우리는 스스로를 '본죽인'이라고 부릅니다. 본죽인이란 본그룹의 미션, 비전, 핵심가치와 방향을 같이 하며 개인의 미션, 비전, 핵심가치를 이에 정렬시킨 직원을 의미합니다.

본죽인은 왜 일하는가?
우리의 미션은 '본으로 행복을 돕는 사람들'입니다.
원칙과 신뢰를 통해서, 또 본브랜드를 통해서 안으로는 직원부터 시작하여 밖으로는 가맹점, 협력사, 소비자에 이르기까지 행복의 동심원을 키워나갈 것입니다.

본죽인은 어디로 가야 하는가?
우리의 비전은 '행복한 삶을 창조하는 지식프랜차이즈 그룹'을 만드는 것입니다. 본그룹은 핵심역량을 활용하여 더 많은 사람들과 행복한 삶을 나눌 수 있는 기회를 창조하는 사업영역에 도전할 것입니다.

본죽인은 어떻게 가야 하는가?
우리의 원칙인 3대 핵심가치를 지키며 갈 것입니다.
가치경영을 위해 '성공보다 사명', 신뢰경영을 위해 '경쟁보다 협력', 지속경영을 위해 '빨리보다 멀리'라는 3대 핵심가치를 지킵니다.

3대 핵심 핵심가치는 모두 Good to Great한 가치입니다. '성공, 경쟁, 빨리'는 기업의 생존과 성장을 위해 반드시 필요한 가치입니다.
그러나 '사명, 협력, 멀리'는 그보다 한 차원 높은 수준의 가치로, 기업의 번영과 성숙을 위해 필요합니다.

본그룹의 최고 권위는 '핵심가치'에 있습니다. 상위 직책자든, 하위 팀원이든 본죽인이라면 반드시 지켜야 하는 의사결정의 기준이 바로 3대 핵심가치입니다.
그렇기에 본죽인은 원칙과 신뢰라는 본을 지키고 키워가며, 3대 핵심가치를 위해 헌신해야 합니다.
그리고 본그룹은 본죽인이 충분히 임파워먼트(empowerment) 되어 일할 수 있는, 진정으로 일하기 좋은 기업을 만들어갈 것입니다.

본죽인상

선한 가치관을 바탕으로
탁월한 역량을 발휘하여
놀라운 성과를 내는 본죽인.

본죽인의 기도

본아이에프(주)의 설립이념은 '모두가 협력하여 선을 이룬다'이다. 이는 성경의 한 구절을 인용한 것으로 기독교 정신을 바탕으로 설립된 본아이에프(주)의 정체성을 나타낸다. 그 선을 이루는 것이 곧 우리가 하는 일을 통하여 '본으로 행복을 돕는다'라는 사명으로 이어지고 선한 영향력을 동심원처럼 펼쳐나가기 위하여 본죽인은 존재하는 것이다.

본죽인이라면 누구나 자신의 종교의 종류나 신앙의 유무에 관계 없이 본아이에프(주)의 미션과 가치에 동의하는 사람들이고 그것에 자신의 가치를 정렬시킨 사람을 말한다.

그러나 본아이에프(주)가 기독교적 가치를 추구한다고 해서 개인에게 그 믿음을 강요하거나 그것 때문에 불이익을 당하는 경우는 절대로 없다. 회사에서 매월 첫 번째 주 월요일에 30분 정도 채플을 하고 사내에도 본신우회가 있어 월요일 점심시간에 회원들이 모여 짧게 예배를 드리지만 이는 어디까지나 회사를 위한 자율적인 모임이다. 본신우회 이외에도 회사에는 여러 종류의 동호회가 활발히 활동하고 있다.

본죽인들은 채플시간과 신우회를 통하여 우리의 사명을 지키고 선한 영향력을 펼치기 위해 기도한다. 기도문을 같이 진심으로 읽으면서 그 일이 이루어지길 바라는 것이다. 그 기도가 곧 우리의 사명과 닿아 있기 때문이다. 여기에 '본죽인의 기도' 전문을 적어보았다.

정성
—
본죽
김철호 대표의
기본이 만들어낸
성공 레시피

4부

사람 그리고 본본의 이야기

본죽인의 기도

사랑과 은혜가 풍성하신 하나님 감사합니다.
기쁜 날 예배로 함께 모여
하나님을 찬양하고 높이게 하시니 감사합니다.
본그룹이 소비자와 가맹점, 협력사, 가족사,
본사 임직원들이 모두 협력해 선을 이루고
주님의 지혜와 명철로 경영하여
많은 열매를 맺고,
사회와 기업과 가정에
선한 영향력을 미칠 수 있도록 인도해주세요.

그리고 선한 가치관과 탁월한 역량,
범사에 감사하는 우리 본죽인이 되어
세상에 소금과 빛이 되도록
능력과 지혜를 더해주세요.
또한 저희 임직원 한 명 한 명을 기억해주셔서
개인과 가정과 기업에서
꿈꾸고 소망하는 모든 일들이 형통하게 하시고
건강하고 행복한 삶을 이루고 가치 있고 보람된 삶이 되도록
축복을 더해주시길 기도합니다.
모든 말씀 예수님의 이름으로 간절히 기도합니다.
아멘!

아, 어머니!

지난밤 노름판에서 돈을 다 날리고 집에 돌아가면서 솔가지를 주어가지고 가는 사내 얘기, '장에 가면 소도 보고 말도 본다'는 얘기, '그럼에도 불구하고 감사'하라는 얘기…….

앞에서 말했던 이 모든 얘기들은 내가 크면서 어머니에게 들은 얘기다.

아버님이 내가 9살 때 돌아가시고 어머니는 36살 젊은 나이에

4부
―
사람
그리고
본보의
이야기

청상으로 홀로 5남매를 키우셨다. 당신의 자식들이 부족하여 사회적으로 대단한 인물이 되진 못했지만 어머니는 그 어려운 과정에서도 우리를 구김살 없이 바르게 키우셨고 나에게 삶을 모범을 몸소 보여주셨다.

아버님이 큰 수술을 하고 돌아가시셔 당시에 집안 사정이 그리 넉넉한 것도 아니었다. 그럼에도 불구하고 어머니는 어떠한 상황에서도 좌절하거나 남 탓을 하는 경우를 보이지 않으셨다.

또한 늘 우스갯소리를 즐겨하시는 낙천적이고 긍정적인 분이셨다. 생각해보면 도저히 긍정적으로 생각할 수 없는 상황에서도 어머니는 늘 한숨보다는 희망의 말씀을 하셨다. 현실을 잘 인정하고 받아들이면서도 그것에 굴복하여 쉽게 좌절하지는 않는 분이셨다.

어머니는 3남 5녀의 엄격한 유교집안에서 태어나 여자라는 이유로 한 번도 학교를 다녀보지 못한 분이셨다. 어머니는 찬송가를 겨우 읽을 수 있을 정도의 한글을 스스로 익히셨지만 당신이 무학이라는 것에 부끄러움을 느끼지는 않으셨다.

그러나 정말 지혜가 많으신 분이셨다. 어머니는 나를 혼내실 때면 속담이나 옛날 얘기를 많이 인용하셨다. 어떻게 그런 상황에 그런 속담을 생각해내시는지 정말 신기할 정도였다. 어떤 때는 재미있

기도 했지만 사실 대부분은 계속 반복되는 얘기가 많았기 때문에 당시에는 지겨울 때가 더 많았다.

지금 생각해보면 귀에 못이 박히도록 들었던 훈계와 얘기들이 나를 만드는 기본이 되었다. 나는 천성적으로 어머니처럼 그렇게 부지런하지도 못하고 끈기가 많이 부족한 편이다. 그럼에도 내가 철이 들면서 어리석고 부족한 부분이 많은 중에도 긍정적이고 남에게 미루지 않고 책임을 질줄 아는 면이 있다면 그것은 전적으로 어머니의 삶을 통해서 체득한 부분일 것이다.

어렸을 때는 그런 어머니가 싫었다. 특히 추운 겨울 새벽에 좀 더 잠을 자고 싶은데 방문을 열어젖히고 이불을 걷어 내시며 아침잠을 깨우고 심부름을 보내는 것이 정말 싫었다. 명절에도 남들은 다 쉬는데 아침에 성묘를 마치고 하루도 쉬지 않고 시장에 나가시는 어머니가 정말 이해가 되지 않았다.

그리고 그때는 몰랐었다. 그렇게 이른 새벽에 홀로 깨어나셔서 한없이 찬송을 부르고 자식들 이름을 일일이 부르시면서 눈물로 기도하시는 어머니의 마음을, 그리고 어머니가 엄마이기 이전에 여자라는 것도 나는 몰랐었다. 나는 그저 어머니가 천성적으로 강하고 긍정적인 사람인 줄로만 알았었다.

정성
—
본죽
김철호 대표의
기본이 만들어낸
성공 레시피

4부
—
사람
그리고
본부의
이야기

그러나 어머니가 3개월을 병원에 계실 때에 그 곁을 지키면서 어머니가 처음부터 강한 사람이 아니었다는 것을 알았다. 살아남기 위해서 당신 스스로 자신을 강하고 긍정적인 사람이 될 수밖에 없었다는 것을 그제야 깨달을 수 있었다.

1년 365일을 새벽에 깨어서 어린 자식들을 위해서 기도하고 하루도 쉬시지 않고 일하시는 것들이 그 어려운 환경 속에서 자신을 지키고 자식들을 올바르게 키워내기 위한 몸부림이었다는 것을 너무 늦게 깨달은 것이다.

후회가 많았다. 아들자식이라고 좀 더 살갑게 대해 드리지 못했던 것, 젊은 시절 술 먹고 방황하면서 어머니 속을 무던히도 썩여드렸던 것, 내가 IMF 때 사업에 실패하고 서울로 올라오셔서 어머니가 처음으로 셋방살이를 하시면서 다시 하지 않으셔도 되었던 고생을 시켜드렸던 것, 무엇보다도 가장 많이 후회가 되는 것은 어머니를 많이 만져드리지 못한 것이다.

어머니는 3개월간 병원에 계실 때에 자식들이 번갈아 가면서 당신의 손을 잡고 등을 문질러 드리는 것을 참 좋아하셨다. 나는 그때 알았다. 내가 그동안 너무 어머니의 손을 진정으로 잡아본 시간이 적다는 것을 깨달았다. 그리고 어머니의 등이 너무 여리다는 것을, 그 등에 여자 혼자로서는 감당하기 힘든 짐을 지고 평생을 살아오셨다는 것을 너무 늦게 깨달은 것이다.

2010년 가을 본죽이 처음으로 대통령상을 수상하고 어머니께 꽃다발을 안겨드릴 때 환하게 웃으시면서 "이제 죽어도 여한이 없다"라는 말씀을 하셨다. 아직 젊고 건강하셨던 어머니인데 그 말씀이 유언이 되고 이듬해 봄 어머니는 천국으로 돌아가셨다. 아버지가 돌아가시고 40년 되던 해였다.

어머니는 돌아가셨지만 내가 어머님의 삶과 몸소 보여주었던 가르침을 잊지 않고 살아간다면 내 마음과 정신 속에 여전히 살아 계시는 것이라고 믿는다. 어머니는 나에게 거인이면서 꺼지지 않는 마음의 등불이시다.

정성

본죽
김철호 대표의
기본이 만들어낸
성공 레시피

에필로그

다시 첫 차를 기다리는 마음으로

2002년 초가을.

'이제 더 이상 물러설 곳이 없다'는 심정으로 서울 종로구 연건동의 후미진 곳 2층에서 시작한 본죽이 여기까지 오게 되었다.

누구도 기웃거려보지 않던 죽이었다. '아무리 잘 만들어봐야 죽은 죽이지' 하는 것이 사람들의 생각이었고, 나 역시 죽을 통해 이렇게 많은 것을 얻으리라고는 예상하지 못했다. 다만 선한 목적을 갖고 노력하다 보면 좋은 결과가 있으리라는 간절한 마음과 믿음으로 시작했을 뿐이다.

많은 사람들이 처음 나의 생각을 두고 현실에서는 이뤄질 수 없는 꿈일 뿐이라고 했을 때는 마음도 아팠다. 하지만 나는 가슴 아픈 실패의 경험을 안고 있었기에 빨리 성취하는 것의 위험함도 잘 알고 있었다. 그래서 원칙과 기본에 충실하면서도 원하는 바를 이룰 수 있다는 것을 더욱더 보여주고 싶었다.

그래서일까. 포기하지 않고 간직한 꿈은 어느 날부터 서서히 현실에서 이뤄지기 시작했다. 모두가 불가능하다고 했던 죽이 새로운 시장을 만들어 나가기 시작한 것이다. 그런 방법으로는 음식점을 운영할 수 없다고 했지만, 정직하게 기본을 지켜가자 고객들이 먼저 알아주었다.

내가 제시하는 방법으로는 절대 프랜차이즈 사업을 할 수 없다고 했지만, 지금은 본죽을 두고 프랜차이즈 업계의 전형과 모범을 보여주었다는 과분한 평가도 듣게 되었다. 쉽지 않았던 과정들이 안겨준 선물이 아닐 수 없다.

돌이켜보면 여기까지 올 수 있었던 것은 오로지 본죽을 아끼고

정성
—
본죽
김철호 대표의
기본이 만들어낸
성공 레시피

에필로그
—
다시 첫 차를
기다리는
마음으로

사랑해준 고객들이 있었기에 가능했다. 또한 쉽고 편한 방법 대신 죽 한 그릇에도 정성을 다하는 가맹점 사장님들이 있었기에 가능한 일이었다. 그분들을 생각하면 이루 말할 수 없는 감사한 마음과 함께 단순한 죽장수가 아닌, 진정으로 사명을 다하는 올곧은 외식사업가가 되어야 한다는 책임감이 든다.

그런 의미에서, 이 책은 본브랜드의 고객과 가맹점 사장님들에 대한 감사의 마음, 그리고 앞으로 본브랜드를 어떻게 운영하겠다는 비전과 각오를 담은 고백이다. 아울러 수없이 반복되었던 실패와 성공의 과정을 통해 내가 얻은 깨달음이 지금 어렵고 힘든 과정에 있는 이들에게 조금이라도 힘이 되기를 바라며 보내는 격려의 편지다.

단순히 내 꿈을 현실에서 증명해보겠다던 치기 어린 생각을 넘어 나의 실패와 성공, 그리고 그 과정에서 기본을 지키려고 노력하는 진솔한 이야기가 누군가에게 힘이 되었으면 하는 간절한 바람을 '정성'이라는 두 글자와 함께 조심스럽게 담았다.

나는 '인생은 이런 것이다'라고 단언할 만큼 살지 않았고 또 그런 지혜도 없다. 다만 지난 시간을 돌이켜볼 때 결국 인생이란 '나에게 주어진 일 중에 의미 없고 가치 없는 일은 없다'라는 사실을 깨닫는 과정이었던 것 같다. 그렇기에 어려웠던 순간에도 희망의 끈을 놓지 않고 버틸 수 있지 않았나 생각한다.

지난 시절 신문사 광고국에서 영업을 했던 일, 사업을 하고 실패했던 일, 외식업 컨설팅을 했던 일, 길거리 리어카에서 호떡을 팔았던 일 그리고 일을 하면서 겪었던 수많은 실패와 좌절의 경험들이 지금의 나를 만들었다.

서로 연관도 없고 억지로 계획한 일은 아니었지만 결국은 이 모든 일들이 내가 지금 이 사업을 하기 위한 과정이 되었고 밑거름이 된 것이다. 지금 하고 있는 프랜차이즈 사업과 순수본(주), 본푸드서비스(주)를 통한 많은 사업들도 결국은 내가 수많은 사람들에게 받은 도움과 사랑을 선한 영향력을 끼치는 사업과 그 열매로 이웃과 사회에 보답하겠다는 본죽인의 미션과 내 인생의 목표를 위한 과정이라 생각한다.

이제 또다시, 이른 새벽 푸른 안개를 뚫고 달려오는 첫 차를 기다리는 심정으로 길을 나선다. 생각해보면 주저앉아 일어설 수 없을 것만 같았던 실패와 좌절의 시간들이 있었지만, 그럼에도 불구하고 내가 살아 있다는 것과 사랑하는 사람들이 곁에 있다는 것이 얼마나 감사한 일이었던가.

정성
—
본죽
김철호 대표의
기본이 만들어낸
성공 레시피

에필로그
—
다시 첫 차를
기다리는
마음으로

'그럼에도 불구하고 감사'하는 마음으로, 지금까지 걸어온 길은 뒤로하고 내 앞에 펼쳐질 일들을 설레는 마음으로 새롭게 시작하겠다.

본죽인 김철호

본그룹 김철호 회장의 기본이 만들어낸 성공 레시피

1판 2쇄 발행 2018년 3월 19일

지은이 김철호
펴낸이 최복이
편 집 이현정
마케팅·관리 유인철
디자인·인쇄 나우커뮤니케이션

펴낸곳 도서출판 본월드
출판등록 2013년 9월 9일
주 소 07541 서울시 강서구 양천로 75길 31 본월드미션센터 3층
전자우편 hjlee@bonworld.co.kr
대표전화 02-3142-6202   **팩 스** 02-6280-1557
홈페이지 www.bonworld.co.kr

ISBN 979-11-956357-5-7 03320

책 가격은 뒤표지에 있습니다. 잘못된 책은 구입한 곳에서 교환해 드립니다.
이 책은 저작권법에 따라 보호받는 저작물이므로 무단 전재와 복제를 금합니다.

* 도서출판 본월드는 본월드미션과 협력해 세계 선교사들의 활동을
  기록하고 후원하고자 출범한 본선교그룹의 종합출판 브랜드입니다.